河合 敦
Atsushi Kawai

武将、城を建てる

戦国の名城を建てた一流の城名人

ポプラ新書
263

はじめに

城人気は、もはやブームというより、完全に定着しているように思える。テレビや雑誌でもたびたび特集が組まれ、書籍も山のように出版されている。あなたの周りにも、一人や二人、城好きがいるだろう。だから気になって城の本を開いてみたら、枡形虎口、犬走り、障子堀、多門櫓など、わけのわからない用語が並んでいて、面白くないから閉じてしまった方もいるはず。

本書は、まさにそんなあなたのために書かれたものなのだ。

私が調べた限り、城の入門書は全て、城郭の視点から書かれていた。城の構造はわかりやすいが、誰が何の目的で城をつくったのか、どんな物語がその城に隠されているのかといった、築城者の目線が抜け落ちている。

でも、城に関心を抱くのは、戦国時代や武将に興味を持ったことがきっかけであることが多いはず。だから私は、城を知るには城郭と武将のエピソードから入ったほうがすんなり理解できると確信した。

そこで本書は、城の名人といわれる武将たちを選び、彼らの生涯を追いつつ、関わった城に焦点を当てる形式をとった。秀吉が大坂の地を居城に選んだ理由、藤堂高虎の城が江戸時代のスタンダードになったわけなど。城名人と城の意外な逸話を読み進めながら、おのずと城の基礎知識が頭に入る工夫をほどこした。

この本は「城初心者」のための入門書である。城というものにあなたが初めて興味を持ったとき、ぜひ本書をひもといていただきたい。きっとそれがきっかけで、あなたは大の城好きになっていくだろう。

二〇二四年九月

河合　敦

武将、城を建てる　戦国の名城を建てた一流の城名人／目次

凡例

・人物の年齢は、生まれた年を一歳とする、数え年を記載しています。
・年代は和暦とし、分かりやすいように括弧で西暦を入れている箇所があります。
・人物の名前・地名・役職名などは、慣用的な読み方を記載しています。
・引用文献内の漢字は旧字を新字に改めています。
・引用以外の当時の文献は、読みやすいように著者が改めています。

築城者

織田信長《おだのぶなが》

◇築城の特徴

敵を威圧するような美しい石垣の城。
これまでの城の概念を変え、築城に革命を起こす。

出身地　尾張国（現在の愛知県西部）

生　誕　天文3年（1534）

死　去　天正10年（1582）／享年49歳

主な築城歴

築城内容　斎藤道三が整備した稲葉山城を整備して、信長が名を改めた。

城名　**岐阜城**

主要城主　斎藤道三、織田信長、池田輝政、豊臣秀吉、織田秀信

城の概要　築城年／建仁年間（1201－1204）、天文年間（1532－1555）、永禄年間（1558－1570）　城地種類／山城　高さ・階数／3重4階（1956年に建てられた復興天守）　所在地／岐阜県岐阜市

※築城年は築城開始年。

築城内容　桶狭間の戦いに勝利し、さらなる上を目指した城。

城名　**清須(洲)城**

主要城主　斯波義重、織田信長、織田信雄、豊臣秀次、福島正則、松平忠吉、徳川義直

城の概要　築城年／応永12年(1405)、城地種類／平城　所在地／愛知県清須市

築城内容　美濃を手に入れるため、清須(州)城から住まいを移したい。

城名　**小牧山城**

主要城主　織田信長

城の概要　築城年／永禄6年(1563)　城地種類／平山城　所在地／愛知県小牧市

築城内容　天下人として魅せる城をつくりたい！

城名　**安土城**

主要城主　織田信長

城の概要　築城年／天正4年(1576)　城地種類／山城　高さ・階数／天守(主)5重7階　所在地／滋賀県近江八幡市
※安土城に関しては「天守」ではなく「天主」と表記。

生涯に何度も城を替える

織田信長の城というと、真っ先に安土城が思い浮かぶだろう。壮麗な天守（主）がそびえる総石垣づくりの大城郭だったといわれる。この安土城は、城郭史上、画期的なもので、その後の城づくりに絶大な影響を与えた。何がどうスゴいのかに関しては、追々述べていこうと思うが、信長と城についてのユニークな特徴は、生涯に何度も居城を移したことだろう。

領地が広がれば拠点を移すのは当然だと思うかもしれないが、実はそうした大名は極めて珍しいのだ。武田信玄や上杉謙信、毛利元就は、当主になってから居城（拠点）を一度も変えていない。後北条氏などは二代氏綱から五代氏直まで小田原城を拠点にしてきた。つまり、信長の手法は大名として稀なのである。

勝幡城《しょばたじょう》で生まれた信長は、幼少期に父の信秀から那古野城《なごやじょう》を与えられた。もともと信秀（織田弾正忠家）は、尾張国守護代（尾張下四郡を支配する織田大和守家）の三奉行の一人に過ぎなかったが、やがて守護代や守護の斯波《しば》氏より力を持つようになった。そんな信秀から家督を継いだ信長は、守護代（大和守家）を滅ぼし、尾張国の守護所であった清須城を奪って拠点とした。さらに小牧山に居城を移転し、斎藤龍興《たつおき》を稲葉山城（井ノ口城）から追放して美濃一国を制圧すると、今度は斎藤氏の稲葉山城に移り住み、この地を岐阜と改名した。その後、畿内を制した信長は、水利の便の良い琵琶湖のほとりに安土城をつくった。勝幡→那古野→清須→小牧山→岐阜→安土と、まるで出世魚のように次々と居城を移していったのである。

信長が生まれた勝幡城は、信長の祖父・信定が築城したといわれる。微高地に築かれた勝幡城は、江戸時代の絵図などから四方を二重の堀に囲まれた長方形の城館で、土塁を含めて東西六十六メートル、南北九十二メートルの規模と推定されている。公家の山科言継が勝幡城に来訪したさい、その素晴らしさに驚いた記録があり、織田氏が経済的に繁栄していたことがわかる。おそらくそれは、信長の父・信秀が津島を支配下においたからだろう。津島神社が鎮座する門前町・湊町であった津島は、商業先進地域として栄えていた。津島の川湊は、三宅川と連結する日光川によって勝幡城とつながっており、舟によって金銭や資財を津島から運び込むことは容易だった。

十一、二歳の頃に信長は信秀から那古野城を任されたが、この城は現在の名古屋城二の丸付近に比定されている。もともと今川義元の弟・氏豊の居城だったが、信秀が奪い取ったのである。近年、周囲の発掘調査によって、今川氏時代から那古野城には武家屋敷や寺院が集まっており、それを信秀・信長父子がさらに発展させたことがわかってきている。

太田牛一《おおたぎゅういち》の記した『信長公記《しんちょうこうき》』によれば、那古野城主時代の信長は、朝夕に馬を乗りまわし、日中は弓や鉄砲の稽古、鷹狩りや水練に熱中するなど武芸に精を出していた。部下と竹槍合戦や兵術稽古をするときは、その指揮をとったという。槍の長さを長くするなど武器の開発にも余念がなかった。

一方で、茶筅《ちゃせん》のような髷《まげ》をつくってカラフルな糸を巻き、袖をはずした胴衣と半袴姿で、腰には火打ち石の入った袋や瓢箪《ひょうたん》をぶらさげ、朱鞘の大刀をさすといった、奇天烈な恰好をしていた。しかも、人にもたれて肩にぶらさがって歩き、立ったまま餅や果物を食べるなど行儀が悪かったので、人びとは信長を「大うつけ」（大馬鹿者）と陰で呼んで馬鹿にした。傅役の平手政秀などは、その行く末を悲観するあまり自殺してしまったという。

清須城の改変

天文二十年（一五五一）、父の信秀が四十二歳で急逝したため、十八歳の信長が家督を相続した。まだ尾張統一は完了しておらず、国内には両守護代家がかなりの力を持ち、隣国には斎藤氏（美濃）と今川氏（駿河・遠江）という強大な大名がいた。

信長はすでに美濃の斎藤道三の娘（濃姫）と結婚して濃尾同盟を結んでいたものの、道三は主君を追放して一国を奪った梟雄《きょうゆう》。いつなんどき、婿の信長に牙を剝くとも限らなかった。しかし、天文二十二年（一五五三）前後に正徳寺《しょうとくじ》で会見して以降、信長は義父・道三の後援を得られるようになった。

こうして国内で勢力を伸張させた信長は、弘治元年（一五五五）、尾張守護・斯波義統の子（義銀）を奉じて守護代（織田大和守家）信友を倒し、その居城である清須城を手に入れ、自分の居城としたのである。

清須城は、尾張守護・斯波義重が十五世紀初めに守護所である下津城の別郭《べつくるわ》として五条川左岸に設けたもので、文明十年（一四七八）からは守護所をこの清須に移しており、以後、清須は尾張繁栄の中心地となっていた。

ただ、清須城は信長の死後、次男の信雄によって大きく改修され、江戸時代になると城の城下町は家康の命で名古屋へ移されてしまった（清須越）。しかも城跡一帯が宅地化し、信雄時代の本丸（清洲公園）の堀や土塁跡ぐらいしかわからなくなっていた。しかし近年、発掘調査が進み、多くの遺物や遺構が見つかり、大型の方形居館跡なども出土するようになった。

研究者の鈴木正貴氏は信長の清須城を前期清須城、信雄の清須城を後期清須城と分けたうえで、「前期清須城は、未解明な部分は多いが、方形居館群であることは間違いなく、足利将軍邸を模した守護館を中心とした城郭・城下町」（鈴木正貴著「清須城」村田修三監修・城郭談話会編『織豊系城郭とは何か　その成果と課題』所収　サンライズ出版）だと論じている。ただ、「二重堀の居館」（前掲書）は「他国の守護館には見られない」（前掲書）ので、「尾張国に特有なもの」（前掲書）ではないかとする。とはいえ、新しい時代を画するような後の信長の城の特徴は見いだせないと述べている。

研究者の中井均氏も、信長（織豊系）が那古野城から清須城へ移ったのは、「信友を滅ぼし、主家の居城に入城することにより守護代家に取って代わったことを示した」（中井均著『信長と家臣団の城』角川選書）のだと主張。その理由として、清須城の構造が「これまでの発掘調査では信長時代に大きく改修された痕跡が認められない。つまり従来の守護館的な構造を信長はほとんど手を加えることなく居城としていた」(前掲書)ことから、「信長は自らの独自の築城をおこなうのではなく、あくまでも守護所に居城することが重要」(前掲書)だと考えたのだという。

鈴木・中井両氏はこのように、信長の前期清須城は中世の守護所のような二重堀で囲まれた方形居館だったと考えているわけだ。

一方、研究者の千田嘉博氏は、清須城の中心部は近年発掘で見つかっている大型城館跡ではなく、その後、信長の次男・信雄が大改修した「近世清須城本丸周辺」(千田嘉博著『信長の城』岩波新書)ではないかと推察する。このように発掘が進んでいるものの、研究者の間では、清須城が昔ながらの守護館なのか否かの一致をみていない。そういった意味では、今後の研究の進展が待たれる城といえるわけだ。

小牧山に城を築く

永禄三年(一五六〇)五月、駿河の今川義元が大軍で尾張領内に侵攻してきたが、清須城にいた信長は桶狭間山で休息している大将の義元を討ち取った。合戦の翌年、信長は西三河の国衆・松平元康(徳川家康)と同盟を結んで東方面(対今川氏)の安全をはかり、西の美濃(斎藤氏)攻略に全力を注ぐようになった。そして永禄六年

（一五六三）、美濃国にほど近い小牧山（清須城から北東に約十一キロ地点）に城を築き、ここを拠点にすることに決めたのである。

ただ、拠点を移すにあたり、信長は一計を案じた。清須は尾張の中心で経済的に繁栄していた。もし小牧山へ移るといえば、家臣たちが反対するのは目に見えている。そこで信長はあるとき険しい二の宮山に登り、「この山に要害をつくる。おまえたちは、この山中に家宅を移してもらう」と宣言、家臣たちの屋敷地について、細かく割り当てを指示し始めたのである。このため、誰もが「難儀なことである」と非常に迷惑に思ったそうだ。ところが信長はあっさり前言を撤回し、「二の宮山はやめて、小牧山に移ろう」といったのだ。小牧山の麓まで川が流れており、楽々と資材が運べるので家臣たちは大いに喜んだという。『信長公記』に載る話である。

臨時の城

小牧山は、標高約八十六メートルの低山である。ただ、濃尾平野が広がるなかにぽつんとある独立した岩山で、城にするには適した地であった。しかし、小牧山城は美濃攻めを目的とした臨時の城に過ぎず、たいしたつくりではないだろうと考えられてきた。ところが近年、発掘調査によって通説が根本的に覆った。「城と並行して小牧山南麓を城下町として計画的に整備し、家臣や商工業者を移転させたことが地籍図の検討や発掘調査で判明」（小野友記子著「小牧山城の石垣」松下浩編著『戦国大名の権力と城郭 第1巻 織田信長の城郭』所収 戎光祥出版）したのだ。しかも「小牧山の中腹以上、主郭斜面を中心とする主郭地区に限定される」（前掲書）ものの、「二〜三段の段築石垣（略）が主郭南と東で開口する出入口を除き鈍角の屈曲を繰り返しながら、途切れることなく主郭を囲んでいる」（前掲書）こともわかったのである。

石垣群の存在は以前から知られていたが、後の天正十二年（一五八四）に家康が小牧・長久手の戦いで小牧山を本陣としたさいに構築されたと信じられていた。ところが発掘してみて信長時代のものだと判明したのだ。

研究者たちにとって小牧山城は「本丸が石垣によって築かれたことが判明したのは驚きであった」（中井均著『信長と家臣団の城』角川選書）。しかも「検出された石垣には長さ二メートルにおよぶ巨石が多く用いられていた。さらに犬走りを設けて下段にも同様に巨石を用いた石垣が検出され、本丸南面においては三段にわたって石垣を積んでいたことが判明」（前掲書）、くわえて「石垣の背面には人頭大程度の栗石《ぐりいし》が充《じゅう》填《てん》されており本格的な石垣」（前掲書）だということもわかった。しかも「単に石を積み上げる石垣というものではなく、どうも配石も意識して積み上げた」（前掲書）と思われ、「「見せる」ということを意識していたことはまちがいない」（前掲書）という。後に述べるように、これは安土城の石垣の見せ方を彷彿させるものともいえる。

ただ、先の小野氏は、「尾張国内で石垣構築の先進例がないことから、他地域の技術集団を招聘・調達した可能性」（小野友記子著「小牧山城の石垣」松下浩編著『戦国大名の権力と城郭 第1巻　織田信長の城郭』所収　戎光祥出版）を指摘している。

それだけではない。これまで小牧山城には城下町は存在しないと思われていたが、発掘によって町地の存在が立証されたのだ。「城下町には東西方向五本、南北方向四本の道が通り、完全な升目とはならないものの、少なくとも七区画以上はそれらの街路によって囲まれる長方形街区を有していた」（中井均著『信長と家臣団の城』角川選書）という。

千田嘉博氏は「江戸時代の史料と、一八八四年（明治一七）に作成された地籍図の分析をもとに、小牧城下町の実像を解明」（千田嘉博著『信長の城』岩波新書）しているが、それによると、「長方形街区と、短冊型地割りの敷地を組み合わせた町家を実現した城下町としては、小牧城下町は確認できる最古の事例」（前掲書）で、「このち長方形方街区と短冊型地割りを組み合わせた城下町設計が、日本列島に広く成立した近世城下町の基本骨格になって」（前掲書）いったので、「信長の小牧城下町は近世城下町の源流」（前掲書）だとする。

このように小牧山城は、信長が領国を統治するために恒久的に構築した城だったのである。とくに山上部の立派な石垣、麓の城下町は、その後の岐阜城や安土城に類似しており、そういった意味では信長の画期をなす城といえるのだ。ただ、永禄六年（一五六三）に小牧山城に移った信長は、永禄十年（一五六七）に斎藤龍興を追放して美濃を手中におさめると、その年に龍興の稲葉山城（井ノ口城）に移転した。居城としての小牧山城は、あしかけ五年で役目を終えたのである。

絶対君主が住む城

続いて岐阜城を紹介しよう。

岐阜城はもとは稲葉山城（井ノ口城）といって、金華山の山上部につくられた城である。濃尾平野の北端に位置する金華山は、標高約三二九メートルの険しい山。とくに北側は断崖絶壁になっていて、眼下には大河である長良川が流れている。現在はその頂に復興天守（天守跡に建てられた史実と異なる天守）がそびえており、近くまでは麓からロープウェーが通っている。ただ、近くといっても、至近ではない。私は二度ほど岐阜城の復興天守を訪ねたが、ロープウェーの終着駅から天守にたどり着くまで、けっこうな坂道をうねうねと上らなくてはならず、かなり息が上がったことを覚えている。

岐阜城山上部の発掘調査はほとんどおこなわれていないが、「意外に遺構は良く残っている。地表観察による限り、城郭遺構には「天守台」「上台所」の2つの曲輪《くるわ》（山頂）を中心として、周辺に複数の曲輪や虎口、堀切、竪堀などがみられる」（内堀信雄著「岐阜城」村田修三監修・城郭談話会編『織豊系城郭とは何か　その成果と課題』所収　サンライズ出版）そうだ。

すでに鎌倉時代から金華山の山上に城があったとされるが、それを大改修して本格的な城郭にしたのは斎藤道三である。それを娘婿の信長が道三の孫・龍興を追い払って居城に決めたわけだ。

稲葉山城に移るにあたって信長は、城下の地名を改めた。改名案として臨済宗妙心寺派の僧・沢彦が「岐山・岐陽・岐阜」の三つを提案、そのうち信長は「岐阜」という名を選んだとする。この名は、周（古代中国の王朝）の文王が「岐山」で挙兵して天下をとったこと、儒教の祖・孔子が「曲阜」で生まれたことに由来するそうだ（諸説あり）。

イエズス会の宣教師ルイス・フロイスは、岐阜城を訪れており、そのときの記録を著作である『日本史』（松田毅一・川崎桃太訳『完訳フロイス日本史2　信長とフロイス　織田信長篇Ⅱ』中公文庫）に詳細に残している。

永禄十二年（一五六九）、フロイスは修道士ロレンソを連れて岐阜城下へと出向いた。数日後、織田家の宿老である柴田勝家と佐久間信盛の好意で信長との対面を果たし、さらに金華山（岐阜城）の麓にある居館に案内された。

フロイスによれば、居館は巨大な石の壁で囲まれており、立派な劇場ふうの建物や四階建ての宮殿、いくつもの美しい池泉回遊式庭園（池の周りを一周しながら観賞する庭園）があったという。宮殿の一階には多数の部屋と廊下、厠があり、屋内の多くは絵画と塗金した屏風、金で縁取られた金具で飾られ、廊下は上等な厚板がまるで鏡のように輝いていたそうだ。

二階は女性たちの部屋があり、一階よりもさらに素晴らしいつくりで、中国製の金《きん》襴《らん》の幕が下がっていた。三階は山と同じ高さがあり、廊下に茶室が備え付けられ、優雅で静寂につつまれていた。三、四階の前廊からは城下町を一望できたという。

信長は茶室にフロイスたちを案内し、茶道具を見せて自慢している。さらに華麗な服をまとった小さな男に歌舞を披露させたり、広間の前廊で甘いおやつを出したりして歓待した。

フロイスから見た信長

信長は単に親切な王ではなかった。フロイスは絶対君主ぶりも紹介している。

「彼が手でちょっと合図をするだけでも、彼らはきわめて兇暴な獅子の前から逃れるように、重なり合うようにしてただちに消え去りました。そして彼が内から一人を呼んだだけでも、外で百名がきわめて抑揚のある声で返事しました」(前掲書)

いかに信長という主君を家臣たちが恐れ敬っていたかがわかる。

ただ、意外にも信長は「おもてなし」上手であった。後日、フロイスたちが信長に暇を告げると、信長は二日間の延期を求め、これまで客人を招き入れたことのない日常生活の場に案内すると述べたのである。それが山上部の岐阜城であった。

信長は麓の居館ではなく、山上の岐阜城に暮らしていたのだ。原則、家臣たちは山上部へ上ることが許されておらず、何か用件があるときは信長本人が山から降りてい き、家臣たちはその途上で主君を待ち受けた。登城が認められていたのは、ごく一部の重臣や側近だけだったという。

そんな中、フロイスは特別に許されて山上部の岐阜城に登ったわけだが、残念ながら、そのさいの記述は麓の居館と対照的に簡素なものだった。以下、紹介しよう。

「山に登って行く途中に、一つの堡塁《ほうるい》が設けられており、その下には人々が通る非常に大きい入口が付いていました。堡塁の上部には、十五ないし二十名の若者が昼夜つめかけ、不断の見張りに当っており、互いに交替していました。上の城に登ると、入口の最初の三つの広間には、約百名以上の若い貴人がいたでありましょうか、彼らは各国の最高の貴人たちの息子らで、十二ないし十七歳であり、下へ使命を届けたりもたらしたりして信長に奉仕していました」（前掲書）

ここに書かれている「堡塁」（敵の攻撃を防いだり、敵を攻撃したりするために、石や土砂などでつくった砦）は現在の一の門（城門）と太鼓櫓、「入口の最初の三つの広間」は二の門と下台所に比定されることがあるが、それを否定する研究者もおり、正直、定説はない。なお、ここから先は「何ぴともさらに内部へは入れませんでした。なぜならば、彼は内部においては、貴婦人たちおよび息子の王子たちによってのみ仕えられていたから」（前掲書）とあるように、家族だけのプライベート空間だった。

この建物の廊下からは濃尾平野が一望できたといい、さらに廊下の奥には極めて豪華な部屋があり、金泥の屛風や多くの矢が並んでいた。この場所は、いまは上台所や天守台と呼ばれるあたりに比定されるようだ。

屋内には長男の信忠と長女の徳姫、そして次男の信雄がいた。どうやら信長は、妻の生駒氏から生まれたこの三人と同居していたようだ。フロイスが居室の座敷に入ってくると、信長は十一歳の次男・信雄を呼んでお茶を持ってこさせた。そして数時間、フロイスからヨーロッパの地理や学問を聞いたあと、信雄を招いて晩餐の支度をさせた。そして食事が出来上がると、なんと信長自ら食膳をフロイスのもとに運び、「御身らは突然来られたので、何もおもてなしすることができぬ」（前掲書）といって手渡したという。

恐縮したフロイスが膳を頭上に戴いて敬意を示すと、「汁《シル》（米飯に添えて食べるスープ）をこぼさぬよう、真直ぐに持つように」（前掲書）と注意している。何とも面白いシチュエーションだ。食後、信長は信雄に絹の袷《あわせ》や白い帷子を持ってこさせ、フロイスに着るように勧め、その和服姿を見て「今や汝は日本の長老のようだ」（前掲書）と満足げだったという。

その後、部下に命じて城内を案内させたが、それでおもてなしが終わったわけではなかった。フロイスが城下の宿舎に戻ってくると、部屋には先ほど信長の前で着た衣服が置いてあった。フロイスが城を見学している間に、信長は宿舎まで服を運ばせていたのだ。なかなかのサプライズなプレゼントである。

最後の居城となった安土城

岐阜城に住むようになった頃から、信長は「天下布武」と刻んだ印判を使用するようになる。「全国を統一して武家政権を樹立する」という意味だと考えられていたが、近年は否定されている。「天下」とは「全国」という意味ではなく、「畿内」をあらわし、信長は乱れた畿内に静謐《せいひつ》を取り戻すべく、将軍の政治を復活させようと考えていた。それが「天下布武」だというのだ。

じっさい、信長は将軍の弟・足利義昭を奉じて上洛し、彼を将軍にすえて室町幕府を復活させている。しかし、畿内は静まらなかった。仕方なく信長は、和を乱す六角氏、浅井・朝倉氏、延暦寺、本願寺などと争い、ついには将軍とも対立して義昭を京都から放逐してしまう。ここにおいて、ようやく自分で天下を静謐にしようと考え始めたという。天下人の自覚が芽生えたというわけだ。

近江国に広がる琵琶湖にはかつて多くの内湖があり、そのほとりに突き出ていた半島に位置する山、それが安土山（現・滋賀県近江八幡市。標高一九八メートル）だ。信長は重臣の丹羽長秀に命じて天正四年（一五七六）正月から安土山に壮大な城（約九十ヘクタール）をつくらせた。前年、信長は嫡男・信忠に家督を譲って岐阜城を出ていたので、新たに築城するのは天下人のための城といえた。

この場所を選んだ理由の一つは、琵琶湖の交通網を掌握するためだったというのは、研究者たちのほぼ一致した見解である。すでに琵琶湖の湖畔には長浜城（城主は羽柴秀吉）や坂本城（城主は明智光秀）などを築かせており、さらに安土城を構築することで湖全体を城郭ネットワークによって支配でき、軍事的にも経済的にもますます力を増すことができるというわけだ。ただ、安土城の完成から三年後に本能寺の変が起こり、その直後に安土城天主は焼失し、まもなく安土城も廃されてしまったので、残念ながら当時の絵画や見取り図は残っていない。

とはいえ、太田牛一の『信長公記』や外国人宣教師の記録によって、天守内部の様子はおおよそ知ることができるし、二十年間続けられてきた発掘調査が終わり、さまざまな事実がわかってきた。こうした史料や発掘成果をふまえ、安土城について簡単に紹介していこう。

『信長公記』によると、安土城の建設が開始されたばかりの二月二十三日、信長は早くもこの城に引き移っている。城普請の進展に満足したようで、長秀に珠光《しゅこう》茶碗を下賜した。また、馬廻衆（近習や側近）には安土の山下にそれぞれ屋敷地を与え、各自で屋敷を建てるよう命じた。

安土城は、小牧山城や岐阜城同様、山頂に本丸など主郭部を置き、山腹から山麓にかけて多くの曲輪を階段状に設置していく構造になっている。ただ、近年の発掘後に整備された安土城を麓から見上げると、石垣の多さに驚かされる。小牧山城や岐阜城とは比較にならないほど多くの石垣や石段で覆われているのである。とくに大手道から主郭部を見上げると、まさに総石垣づくりの城と呼ぶにふさわしい姿だ。

安土城の石垣の石組みは、天正四年（一五七六）四月一日からはじまった。尾張、美濃、伊勢、三河、越前、若狭、畿内から多くの武士が、京都、奈良、堺からは大工や職人が集まり、近くの山々からは石が安土山に運ばれてきた。とくに大きな石は千人、二千人がかりで山上へ押し上げたとされる。なかでも蛇石《じゃいし》という巨石は、羽柴秀吉、滝川一益、丹羽長秀の三名が一万人を指揮して三日かけて運んだ。このときは大変な喧噪だったと『信長公記』に記されている。

同書によれば、天主の石蔵は十二間あまり、約二十二メートルの高さがあったという。この石蔵が何なのかわからないが、その記述から天主の建物を支えていた石の構造物であることは間違いなさそうだ。となると、いわゆる天主台ということになる。これが事実なら七、八階建てのビルに相当する。残念ながら発掘調査では十メートル程度の高さの石垣しか発見されていないが、それでも従来の城とは比較にならないほど驚異的な高層石垣だ。

そんな安土城の石垣を積んだ石工集団は、穴太衆《あのうしゅう》だといわれてきた。名前を耳にした方もいるだろう。近江国穴太（現・滋賀県大津市）に住む百済（古代朝鮮の一国家）から渡来した子孫たちで、比叡山延暦寺が栄えると、同寺の石仏や石塔、石垣や敷石を生産するようになった。ただ、信長が元亀二年（一五七一）に比叡山を焼き払い、その後、延暦寺の再興を許さなかったことで、穴太衆は生活の糧を奪われてしまった。

ところが五年後、安土城をつくるにあたり、信長は穴太衆に石垣を任せたと、『明良洪範　続篇巻五』に記されているのだ。該当の部分を意訳して紹介しよう。

「近江の国に穴太という場所があり、昔から石の五輪塔などをつくる優れた石工たちが多く住んでいた。そこで信長は安土城の天守を建てるとき、同じ近江国なので、穴太の石工を多く呼び寄せ、石垣をつくらせた。これを見た諸大名も穴太の石工たち（穴太衆）を用いた。結果、ますます彼らは石垣技術に長けるようになり、ついには五輪塔をつくるのをやめて石垣づくりだけを生業とするようになった」

安土城の高石垣を見事に組んだことで、穴太衆は一躍注目を浴び、以後、多くの城を手がけるようになったとされる。ところが近年、出典の『明良洪範』の逸話は怪しく、後世の潤色だとわかってきた。

中井均氏は、十六世紀以前に穴太衆が積んだとされていた坂本にある里坊の石垣は十八世紀〜十九世紀のものであり、「穴太衆が築いた戦国時代の石垣で現存している事例はほぼ存在しないのである。こうした事実から安土城跡に残る石垣が穴太積みであるということはできない。むしろ小牧山城や岐阜城で石垣を積んだ工人たちが、そのまま動員されたと考えるべきであろう」（中井均著『信長と家臣団の城』角川選書）と述べている。とはいえ、安土城の石垣の「規模は小牧山城や岐阜城とは比較にならない大規模なものであり、従来の工人集団だけではとても築けるものではない。そこで近江在地の石工たちも招集されたもの」（前掲書）と推測しており、当然そのなかに穴太衆もおり、やがて彼らは石垣普請の職能集団となったのだろうと論じている。

謎が多い安土城

安土城に大手門から入ると、両側に側溝を備えた幅約七メートルの石段が天守（天主）のある主郭部へ向かってまっすぐに一八十メートルほど続いている。初めて訪れた者は圧巻だったろう。この道を大手道と呼ぶ。安土城が廃されてから百年後の城絵図にそう記されているからだ。ただ、当時の史料にはその名称は登場しない。道幅も発掘で初めて明らかになったもので、現在は忠実に復元されている。なお、この道が大手門から主郭部である本丸の正門（黒金門）に直接つながっていないことも判明した。そんなことから、大手道は正親町天皇を迎えるための御成道だという説がある。一方、この発掘調査の報告書は誤りで、大手道はきちんと黒金門に続いているという説もある。

このように道一つとっても、まだまだ謎が多いのが安土城なのである。

本丸入口である黒金門は、すんなり出入りできない。「正面に石垣を構え、まず左に折れさせる。折れた正面にも石垣が構えられ直進を阻んで今度は右折れをさせて城内に入るという二回の屈曲を設けた城門」（前掲書）なのである。こうした防御性の高い出入口（虎口）がさらに発展し、枡形虎口となっていくのだ。

おそらく当時の安土城を訪れたとき、もっとも人びとの度肝を抜いたのは、天主（天守）という建物だったろう。地下一階、地上六階建ての建物がそびえ立っていたからだ。地上からの天主の高さは、優に五十メートルを超えたであろう。仏塔のような細長い建物はあったが、それとは比較にならない面積を持つ高層宮殿（天主）は、見るものに畏怖の念さえ与えたのではなかろうか。

残念ながら天主の絵図が現存しないため、その外観はわからない。が、文字史料や発掘調査により、高層階には金色、朱色、青色など鮮やかな外装が施され、金箔があしらわれた屋根瓦や鯱《しゃちほこ》が輝いていたことが判明している。

『信長公記』によれば、木村高重が天守の普請奉行に命じられ、木村の監督のもとに大工の棟梁・岡部又右衛門、塗師《ぬし》頭《がしら》・刑部《ぎょうぶ》、銀細工師《しろがねざいくし》の頭・宮西遊左衛門がそれぞれ工事を分担。瓦は唐人の一観の指導のもと、奈良の工人たちが焼いたという。これまで寺院以外には瓦葺《かわらぶ》きの建物はあまり存在しなかったが、安土城では天主を始め、全ての建物を瓦で葺いている。中井氏はそれを「革命的変化のひとつ」（前掲書）と述べる。しかも金箔瓦や鯱瓦などが登場し、これらは家臣大名や豊臣秀吉へと継承されていくことになった。

信長の自慢

先述のように天主の石蔵は高さ十二間余り（約二十二メートル）あり、その石蔵の一階部分を倉として使用し、倉の上を二階としたが、二階の広さは南北が約三十六メートル、東西が約三十一メートル、天井までの高さはなんと約三十メートルもあったという。柱の数は二百本を超え、多くある座敷の内壁には、全て布を張って黒漆を塗った。二階から四階までの多くの部屋には、狩野永徳などの有名な絵師たちがさまざまな障壁画を描いた。題材は多様で、花鳥、中国の賢人、仙人、馬、龍虎、鳳凰などだ。ただし五階には、なぜか絵は描かれなかったという。六階は平面八角形で、外側の柱は朱塗り、内側の柱は金色、釈迦の十大弟子や餓鬼、鯱や飛龍などを描かせ、欄干の擬宝珠《ぎぼし》には彫刻を施した。最上階の七階は約五・五メートル正方の広さで、座敷の内側も外側も全て金色に仕上げた。四方の内柱に昇り龍と下り龍を描き、天井には天人が舞い降りる姿、室内の内側には中国の伝説上の皇帝や聖人、賢人が描かれ、軒先には燧金《ひうちがね》や宝鐸《ほうたく》がつるされた。

江戸時代になると、天守は城の象徴となり、城主は本丸御殿に居住するようになるが、信長はじっさいに安土城天主（天守）を住まいとした。天主の完成は天正七年（一五七九）、築城の開始から三年の月日が過ぎていた。同年五月十一日、この日が吉日だということで、信長は天主へ引っ越した。以後、天主が信長のプライベート（日常生活）空間となり、本丸御殿が儀式・典礼をおこなう公的空間や政庁の役目を果たしたと思われる。

信長は壮麗な安土城天守が自慢だったようで、外国人宣教師を招いて見せたり、拝観料をとって人びとに城内を見学させたりした。大勢が一度に押し寄せたため、石垣が崩れ死者が出たという記録があるほどだ。お盆のときに堀には浮かべた船や、建物、道沿いに提灯や松明を並べ、安土城をライトアップしたこともあった。

あの徳川家康も、安土城に招待されている。天正十年（一五八二）三月、武田勝頼を滅ぼした信長は、四月二十一日、無事に安土城に帰着した。その翌月、駿河一国を与えられた家康がお礼のために安土城を訪れているのだ。このとき信長は、自ら宿舎（大宝坊）を選び、接待役を明智光秀に命じた。光秀は張り切って京都や堺で珍味を調え、多くの種類の料理を出した。

江後迪子著『信長のおもてなし　中世食べもの百科』（吉川弘文館）によると、鶴汁や鯨汁など豪華な料理が提供されたという。ただ、光秀は十日間もかけて準備をしたのに、急に毛利氏と戦う羽柴秀吉の援軍を命じられ、安土を離れなくてはならなくなった。小瀬甫庵著『太閤記』は、これを恨んで光秀は本能寺の変を起こしたと記している。その後、この説に尾ひれがつき、腐った魚を提供したりしたので信長に折檻され、これを恨んで信長を倒そうと決意したという俗説が生まれた。だが、信長が家康の接待に大いに張り切っていたのは確かなので、もし光秀に不手際があったのなら、信長が激高しても不思議はない。

信長は安土城内の摠（惣）見寺で家康に舞や能を見物させ、膳を並べて一緒に食事をした。そして食後、安土城へ招き、家康とその家臣たちに帷子を与えた。だが、そんなおもてなしからわずか十数日後、信長は京都の本能寺で光秀軍の攻撃を受け、自刃を余儀なくされた。

安土城には信長の家臣たちが集住したとされる。先述のとおり、『信長公記』には、信長が安土山下に馬廻衆（主の警護、騎馬武者）の屋敷地を割り振ったという記述があるし、安土城山腹には秀吉や前田利家の屋敷跡と伝えられる場所もあるからだ。ただ、柴裕之氏は、安土城における家臣集住については、「側近や馬廻衆といった直臣」に限られ、「それ以外の者はそれぞれの所領で活動していた。つまり、集住の対象者は限定されたものだったのだ。この限られた存在のみに注目して、革新的な織田軍団というイメージを語ることはできない」（柴裕之著『織田信長　戦国時代の「正義」を貫く』平凡社）と述べる。さらに、甲斐の武田氏、相模の北条氏、駿河の今川氏など他の「戦国大名などにも、家臣が城下に集住したことは確認されている。そうなると、安土での集住を、時代を画するような「革命児」信長の事業として評価することは難しい」(前掲書)と述べている。

革新的な城郭

安土城というと、信長が安土山下町(安土城の城下町)に発布した楽市令が有名だ。楽市令(楽市・楽座)というのは、座という特権的同業者の組合を認めず、市場税なども免除して誰もが自由に商売に参入できる法令である。これに関しても柴裕之氏は、「長らく「革命児」信長のイメージのもと、信長による画期的な事業として位置づけられてきた。しかし「楽市楽座」は各地の戦国大名のもとでもおこなわれていたこと、またその背景には、それぞれの地域に固有の地理的条件や歴史的状況」(前掲書)「があったことが明らかとなって」(前掲書)おり、「安土山下町の場合、織田権力の拠点と化したことで急ぎ開設された新興都市であったという地域事情から、この都市の振興のための措置が必要とされた」(前掲書)のだとし、信長は座によって「市場流通が支障なく運営されるようであれば、座を保護する姿勢を示した」(前掲書)と述べる。

以上見てきたように、織田信長が発注した城、とくに安土城は、それまでの中世城郭とは大きく異なっていたことがわかるだろう。そして、その特色は織田家の家臣たち、さらには次代の豊臣秀吉とその家臣たちに大きな影響を与え、そのまま踏襲されて近世城郭の基本型、プロトタイプとなっていった。一般的に、信長を嚆矢《こうし》とする近世的な城は、学術用語として織豊系城郭と呼ばれている。

その要素として中井均氏は、「石垣、礎石建物、瓦」の三つのセットを挙げている。ただ、これについては異論もある。初めて織豊系城郭という呼称を用いた千田嘉博氏は、「石垣や瓦などの有無は、まったく城の本質的変化とはいえません」（千田嘉博著『信長の城』岩波新書）と石垣を用いない関東の城や瓦を使用しない東北の例をあげ、「信長の城は、大名と家臣との屋敷地の配置に大きな格差をつけて、一貫して城のかたちに階層性を反映させようとし」（前掲書）たこと、「つまり中世城郭と近世城郭とを本質的に分けたもっとも重要な指標が、城郭における求心的構造の成立（並立的構造から求心的構造へ）と、その全国的な展開」（前掲書）だと主張している。

近年、戦国大名としては後進的だといわれる信長だが、城郭史においてはやはり革新的だったのである。

築城者

明《あけ》智《ち》光《みつ》秀《ひで》

◇築城の特徴

山城づくりの名人。
君主・織田信長の依頼に応えた城づくり。

出身地　美濃国（現在の岐阜県南部）
生　誕　享禄元年（1528）頃
死　去　天正10年（1582）／享年55歳頃

主な築城歴

築城内容　織田信長の依頼。比叡山と湖南・湖西地方の勢力をおさえるために、交通の要所である坂本に城を築く。

城名　**坂本城**

主要城主　明智光秀

城の概要　築城年／元亀2年（1571年）　城地種類／水城　所在地／滋賀県大津市

※築城年は築城開始年。

築城内容　織田信長から丹波攻略を命じられ、その拠点とするために築城。

城名　**亀山城**

主要城主　明智光秀

城の概要　築城年／天正5年(1577)頃　城地種類／平山城　所在地／京都府亀岡市

築城内容　丹波を平らげた光秀が、西国攻略の拠点として築城。

城名　**福知山城**

主要城主　明智光秀、羽柴秀長、松平忠房、朽木《くつき》稙昌《たねまさ》

城の概要　築城年／天正7年(1579)頃　城地種類／平山城　高さ・階数／天守3重4階　所在地／京都府福知山市

優れた築城手腕

ＮＨＫ大河ドラマ『麒麟がくる』の主人公となったことで印象が変わった明智光秀。かつては、主君・信長を裏切って死に追いやった逆臣というイメージが強かった。じっさい、宣教師のルイス・フロイスは、光秀を次のように評している。

光秀は「すべての者から快く思われていなかったが」、「才略、深慮、狡猾さにより、信長の寵愛を受け」、「裏切りや密会を好み、刑を科するに残酷で、独裁的でもあったが、己れを偽装するのに抜け目がなく」、「人を欺くために七十二の方法を深く体得し、かつ学習したと吹聴していた」（松田毅一・川崎桃太訳『完訳フロイス日本史３　安土城と本能寺の変　織田信長篇Ⅲ』中公文庫）

このように光秀を罵倒しているフロイスだが、それでも「築城のことに造詣が深く、優れた建築手腕の持主」（前掲書）と城づくりの腕前は褒めている。さらに、光秀が築いた坂本城についても、信長の安土城に次いで豪華な城で、この城ほど有名なものはないと語っている。坂本城のほかに光秀は、亀山城、周山城、福知山城など、多くの城郭を手がけた。ただ、その優れた築城術をどこで身に付けたのかは、はっきりしない。そもそも、前半生が全くわかっていないのである。

一般的に光秀は、美濃の名族・土岐一族であるとされ、斎藤道三の家臣として活躍するが、斎藤義龍（道三の息子）の攻撃で居城（明智城）を落とされ、浪々の身となってしまう。のちに鉄砲の腕を見込まれて越前の朝倉義景の重臣に取り立てられ、そこで知りあった足利義昭（将軍義輝の弟）と尾張の織田信長との間を取り持ち、室町幕府の復興に貢献したと伝えられてきた。

けれど、こうした前半生は、一次史料（当時の手紙、日記、公文書など）には全く残っておらず、二次史料（後世の編纂史料）の記録や伝承に過ぎないのだ。

光秀が確かな史料に登場するのは永禄十二年（一五六九）のこと。また、太田牛一の『信長公記』（信憑性の高い二次史料）には、この年、義昭のいる本圀寺《ほんこくじ》が三好三人衆に攻撃されたさい、光秀が境内で応戦したとある。光秀は当時、義昭と信長の二君に仕えていたようだ。

ところが、わずか二年後の元亀二年（一五七一）、比叡山延暦寺の焼き討ちで活躍をし、信長から近江国志賀郡を与えられ、坂本城をつくり始める。織田の家臣として初めての城持ち大名だ。なぜ中途採用組の光秀が、急激に頭角を現したのかはわからない。ただ、先のルイス・フロイスは築城の才に加えて「戦争においては謀略を得意とし、忍耐力に富み、計略と策謀の達人で」「選り抜かれた戦いに熟練の士を使いこなしていた」（前掲書）と評し、信長も光秀へ宛てた書状で「とても詳細な報告書ゆえ、まるで現場を見ているようだ」と褒めているから、武勇と知略に秀でた頭脳明晰な人物だったのだろう。

坂本城は赤と黒のツートンカラー

光秀の坂本城に関して令和五年（二〇二三）二月に新しい発見があった。

三の丸と推定される石垣（長さ約三十メートル、高さ約一メートル）を持つ堀跡が琵琶湖の水中から見つかったのである。たまたま渇水で湖の水位が下がったことが発見につながったそうだ。

比叡山延暦寺の門前町・坂本は、古来、陸上交通の要衝地で、馬借（馬を使った運送業者）の一大拠点であった。しかも北陸の品物を陸揚げする琵琶湖の良港があり、水上交通の一大拠点でもあった。そんな重要な場所だから、信長は光秀に築城を命じたのだ。

元亀二年（一五七一）末頃から光秀は城をつくり始め、大天守と小天守がそびえる壮麗な城郭ができ上がったが、光秀が敗れた山崎合戦後に羽柴秀吉軍に包囲されて落城した。しばらく丹羽長秀（信長の重臣）が使用していたようだが、天正十四年（一五八六）に大津城をつくるさい、坂本城の建物はそこへ移築され、廃城となった。わずか十五年間の寿命であったので、当時の絵図もなく「幻の城」とされてきた。

城域はおよそ東西三百メートル、南北五百メートルの範囲とされ、本丸が琵琶湖岸に突き出ており、その背後（西側）に二の丸、さらに二の丸を取り囲むように三の丸が置かれたと推定されている。すでに何度か発掘調査がおこなわれており、建物の礎石、井戸の跡、石垣の基礎石、瓦などが見つかっている。城の瓦については黒瓦と赤瓦があり、赤瓦は落城のさい焼けて変色したと考えられてきた。ところが近年の理化学的分析の結果、最初から赤く焼いていたことがわかり、ひょっとすると、坂本城の屋根は赤と黒のツートンカラーだった可能性もある。

坂本城の外郭

令和六年二月、大津市市民部文化財保護課が令和五年からおこなってきた坂本城跡調査の現地説明会資料を作成した。それによると、今回発見された石垣を持つ堀（約三十メートル）や礎石建物は、光秀が活躍した十六世紀後半のものと推測されている。なお、瓦の出土量が少ないので、瓦葺き建物があまりない家臣団の屋敷があった三の丸の一部と考えられるそうだ。今回出土した石垣付きの堀から湖岸までの距離は約三百メートル、これは従来想定されていた坂本城の南端の外郭《そとくるわ》（外堀の内側）より約百メートルほど短くなるそうだ。

石垣の石は、主に比叡山周辺の花崗岩が使用されているが、大きさはバラバラで、ほとんど加工されていない。このため石垣に隙間が生じるので、小石を詰めていることがわかった。その積み方だが、乱積みだけでなく、布積みや谷積み状のものも確認されるという。石垣の高さはわずか一メートル程度だが、堀の中に石が転げ落ちているので、じっさいはもう一、二段積んであった可能性もあるそうだ。おそらく石垣を積んだのは、比叡山近くに拠点を持つ石工職人、穴太衆だったと思われる。堀の幅は、およそ十二メートル程度であった。

光秀は、この坂本城でたびたび公家らと連歌会や茶会を開いている。どこで学芸を身につけたのかわからないが、地方大名の信長にとって、文化人・光秀は朝廷や幕府と渡り合ううえで貴重な存在だったはず。じっさい、朝廷の公家や僧侶との交渉役を信長から任されている。

敵城を攻略するための城

天正三年(一五七五)、光秀は信長から丹波攻略を命じられた。丹波国は、信長に追放された将軍義昭の勢力範囲だった。そう光秀の旧主である。しかも山がちなうえ、多く国衆(小さな大名)が盤踞《ばんきょ》していたので、光秀は平定に大変な苦労を強いられることになった。にわかに裏切られて命の危機に陥ったこともあった。いまも丹波各地には、光秀の陣城(敵城を攻めるとき前線に築いた大将の城)跡や居城跡がいくつも残っている。

そうしたなかで、最大の城が周山城である。あまり有名でないがスゴい城なので、京都市文化財保護課の馬瀬智光氏の「周山城跡—明智光秀が築いた山城—」(リーフレット京都No.374)を参考に、周山城について紹介していこう。

周山城は、弓削川と上桂川の合流点の西側、標高約五百メートルの黒尾山に至る丘陵尾根上に位置する、石垣を多用した山城である。この地域を支配していた宇津氏の宇津城を落とした後、丹波支配の拠点の一つとして天正九年(一五八一)頃から光秀は周山城をつくり始めたようだ。

この城は、若狭と京都をつなぐ周山街道を押さえる場所にあるが、周山の名のとおり、周囲は山ばかりで、当時も城づくりは困難を極めたと思われる。

周山城の最大の特徴は、二本の堀切をはさんで東西二つの大きな区画（城）に分けられていることだ。東の城は、城山（約四八一メートル）を中心に天守台の立つ総石垣の本丸があり、八方向に延びる尾根すべてにも郭が築かれている。西の城は、尾根上（標高約四八二メートル）を平坦にし、土塁と堀切で守られた土の城になっている。このように東と西の城は対照的なのだ。

そんなことから周山城は、京都の城郭史で重要な位置を占めており、織田信長の「武家御城（旧二条城跡）」の築城技術と、豊臣秀吉の「聚楽第跡」の築城技術の間を埋める城と評価されている。

光秀は天正九年（一五八一）八月十四日、茶人の津田宗及を招いて一緒に周山城で月見をしている。果たしてこの山城からどんな月が見えたのだろうか。

残念ながらこの城は、山崎合戦後に秀吉の手に落ち、天正十二年（一五八四）頃には廃城となった。ただ、その後開発が進まなかったことから、いまも周山城は山の中にあり、遺構がよく残り、石垣の石もあたりに転がっている。現地に立てば、戦国時代の雰囲気を味わえるはずだ。

五百個以上の石塔

続いて紹介するのが福知山城である。

私はこの城が好きで、これまで四度ほど上ったが、初めて天守の石垣を見たとき、衝撃を覚えた。

福知山駅から「お城通り」を東に向かって十分ほど歩くと、大名屋敷のような白亜の建物が見えてくる。佐藤太清《たいせい》（福知山出身の日本画家）記念美術館だ。その館の背後の丘にそびえているのが、福知山城の天守（復元）である。美術館の脇道から城へ向かうが、かなりの急勾配になっている。ただ、五分も進むと左手に福知山の町並みが一望できる。頂上手前のカーブを大きく右に曲がると、にわかに視界が開け、均整のとれた三重四階建ての大天守が目に飛び込んでくる。

乱雑に積み上げられた天守の石垣のなかに、自然石に混じって方形の石がいくつも見える。おそらく一般の方でも違和感を覚えるはずだ。

近づいてみると、方形の石には文字や模様が刻まれているものが多い。じつはこれ、全て石塔（五輪塔、宝篋印塔《ほうきょういんとう》）や石仏なのだ。

かつて、天守の再建にあたって発掘調査をしたところ、なんと五百個以上もの石塔や石仏が見つかったそうだ。これほど多くを石垣に転用した例を私は知らない。いくら手っ取り早く石材を集めたとはいえ、何とも罰当たりな気もする。

ただ、石塔や石仏は長年地域の信仰対象だったことから、いわゆるパワー・ストーンとして城を守護する効果を期待したのだという説もある。また、新城主と住民の一体化を意図しているのだという研究者もいる。

天正七年、ようやく丹波一国を平定して国持大名となった光秀は、丹波支配の一環として福知山城を築き、娘婿で重臣の明智秀満を城代として一帯の支配を任せたといわれている。

山崎合戦後は秀吉方の手に落ち、弟の羽柴秀長が一時この城を預かった。次いで秀吉の親戚・杉原家次、小野木重次、細川忠興《ただおき》、有馬豊氏、岡部長盛、稲葉紀通、松平忠房と、次々と城の持ち主が変わったが、朽木稙昌が入城して以降はそのまま朽木氏が幕末まで城主として君臨した。

とはいえ、光秀が城下町を整備したり、治水のため堤防（明智藪）をつくったり、人びとの税を軽くしたりしたので、福知山では江戸時代になっても光秀を名君として慕った。光秀を祀る御霊神社まで創建されている。

この御霊神社には、光秀が定めた十八条からなる家中軍法が所蔵されている。そこには、「信長様は、水に沈んだ瓦礫のような私を見いだし、多くの兵を預けてくださった」と感謝の気持ちが記されている。この家法の日付は、天正九年六月二日。ちょうどそれから一年後、光秀は本能寺の変を起こしている。わずか一年のあいだにどんな心境の変化があったのか、気になるところだ。いずれにせよ、光秀は本能寺にいた信長を襲撃するわけだが、出立したのは亀山城からだった。

亀山城から出立して信長を討つ

亀山の地は山陰道が走る交通の要衝地で、丹波の中心として栄えていた。同国の平定を開始した光秀は、天正五年、眼下に保津川が流れる荒塚山に亀山城をつくり始めた。丹波攻略の真っ最中だったので、とにかく短期間で城を完成させるため、光秀は地域の国衆たちに土木の道具を用意させ、周りの寺社から柱や石材を徴発し、領民たちを総動員して作業にあたらせたと伝えられる。城の堀は三重（内堀・外堀・惣堀）となっており、本丸には三重の天守が立ったという。築城と同時に光秀は、近隣の村から人びとを移住させ、城下町を整備していった。

天正十年五月、安土城を来訪する家康の接待係をつとめていた光秀だったが、その役目を信長に免じられ、中国地方への出陣を命じられた。秀吉の毛利攻めを支援するためだった。信長も安土から京都へ入り、すぐに中国地方へ向かうことになった。

五月二十七日、光秀は亀山城から愛宕山の愛宕神社に出向いて戦勝祈願をおこなった。そのさい、吉が出るまで神籤《みくじ》を引き続けたという。翌日には愛宕山の西坊威徳院で里村紹巴《さとむらじょうは》らと連歌会をおこなったが、このとき「時は今あめが下しる五月哉」と詠んでいる。「時」は光秀の出自である「土岐」氏を、「あめが下しる」は「天下を支配する」という意味だという説もある。

そして二日後の六月一日夜、光秀は一万三千の兵を率いて亀山城を出立、山陰道の老ノ坂を越えて沓掛に到達すると、そのまま京都へなだれ込んで本能寺で信長を自刃させた。だが、わずか十一日後、山崎合戦で敗れてしまった。

光秀は再起をはかるべく坂本城を目指して逃亡をはかったが、途中、落ち武者狩りの農民に襲われて深手を負ったので自刃したという。

ルイス・フロイスによれば、明智秀満ら明智一族は坂本城に立て籠もったが、やがて羽柴軍に包囲された。このとき明智一族の一人が、敵軍のなかに旧知の高山右近がいるのを見つけた。すると彼は右近に向かって「高山よ、ここへ参れ。おまえを金持ちにしてやろう」というや、大量の黄金を窓から琵琶湖へばらまき、「おまえたちに渡してたまるものか」と愚弄したという。やがて、明智一族は全員天守に入り、入口を堅く閉ざし、男たちは女や子供を殺害したあと、天守に火をかけて自刃したと伝えられる。

ルイス・フロイスが讃えた坂本城の天守も、このとき灰燼に帰してしまったのである。

築城者

豊臣秀吉《とよとみひでよし》

◇築城の特徴

瓦に金箔を使用。豪華な城を全国につくらせた。
80日間で完成させた伝説の城、石垣山城を築城。

出身地　尾張国愛知郡中村（現在の愛知県名古屋市）

生誕　天文6年（1537）頃

死去　慶長3年（1598）／享年62歳頃

主な築城歴

築城内容　城下町をつくり、経営の基礎を築いた。

城名　**長浜城**

主要城主　豊臣（羽柴）秀吉、山内一豊、内藤信成、内藤信正

城の概要　築城年／天正2年（1574）　城地種類／平城　所在地／滋賀県長浜市

※築城年は築城開始年。

築城内容　天下人にふさわしい城をつくりたい！

城名　**大坂城**

主要城主　豊臣秀吉、徳川秀忠、松平忠明

城の概要　築城年／天正11年(1583)　城地種類／平山城　高さ·階数／天守5重6階　所在地／大阪府大阪市
※現在の天守は昭和6年(1931)竣工、5重8階

築城内容　豊臣政権の拠点として京都につくった城。

城名　**聚楽第《じゅらくだい》**

主要城主　豊臣秀吉、豊臣秀次

城の概要　築城年／天正14年(1586)　所在地／京都府京都市

築城内容　自らが隠居するための城をつくりたい！

城名　**伏見城**

主要城主　豊臣秀吉、徳川家康

城の概要　築城年／文禄元年(1592)築城、慶長元年(1596)再建、慶長6年(1601)再建　城地種類／平山城　所在地／京都府京都市

一夜にして敵地に城をつくる

豊臣秀吉と城というと、最初に大坂城を思い浮かべる人も多いだろうが、意外なことに、いまの大坂城には何一つ秀吉時代の遺構は地上に残っていない。あの壮大な石垣は、徳川家（江戸幕府）が大坂の役から数年後、建物（秀吉時代）を全て撤去したうえで、高さ一メートルから十メートルの盛り土をおこない、全く新しく建て直した城郭なのだ。現在も大坂城の地下には豊臣時代の石垣が埋まっており、近年ようやく調査が進み出したところである。

秀吉は大坂城のほか、多くの城をつくってきた。よく知られているのは、小田原攻めのさいの石垣山城、朝鮮出兵の拠点とした肥前の名護屋城、隠居のための伏見城などだろう。そんな城名人である秀吉だが、信長の家臣時代、栄達のきっかけをつくったのも築城だったといわれている。

それが世にいう、墨俣《すのまた》一夜城である。

美濃の斎藤氏と激しく争っていた織田信長は、敵地である長良川の川岸、墨俣に城を築き、戦いを有利に進めようとした。そこで重臣の佐久間信盛や柴田勝家らに築城を命じるが、いずれも敵の妨害にあって失敗してしまう。そんなとき、軽輩の秀吉が

「自分ならできます」と名乗りを上げたのだ。半信半疑ながらも信長が秀吉に任せると、彼は知り合いの盗賊の頭領・蜂須賀小六《はちすかころく》の協力を得て、近隣の土豪たちに筏をつくらせて木曽川の上流から流し、墨俣で分解して砦の木材とし、一夜にして城をつくってしまった。これが、いわゆる墨俣一夜城の逸話で、永禄九年（一五六六）の出来事だとされる。翌年、信長は美濃の攻略に成功している。ただ、そもそも墨俣は重要な地域なので、永禄九年まで城や砦がなかったのは疑問だし、そもそも一夜で城をつくることができるはずはない。後世に創作された逸話であり、とても史実だとは思えない。しかしながら、軽輩の秀吉が数々の軍功によって信長に重用され、織田家の重臣に成り上がったのは事実である。もしかしたら、短期間に敵地に城を築いたことがあったのかもしれない。

城主に昇格

秀吉が一気に頭角を現した軍功が、金ヶ崎の退き口だった。信長は元亀元年（一五七〇）四月、三万の大軍で朝倉氏の本拠地一乗谷へ向かった。ところがこのとき、予想もしない事態に直面する。義弟の浅井長政が叛旗を翻し、にわかに織田軍の退路を断ったのだ。浅井氏は古くから朝倉氏と同盟関係にあったので、長政は去就に迷ったすえ信長を見限ったのだとされる。

朝倉と浅井に挟撃された織田軍は、前後から激しく攻め立てられ壊滅した。このとき信長は、身一つで命からがら戦線を離脱した。そんな主君を確実に逃がすため、金ヶ崎で殿《しんがり》をつとめたのが秀吉だった。

二カ月後、信長は姉川で報復戦をおこない浅井・朝倉軍を撃破したが、このおり奪い取った浅井氏の横山城を秀吉に守らせたのである。

横山城は、標高三一二メートルの丘陵にある。Y字状の尾根を削平して多くの曲輪を持つ山城だ。これ以後秀吉は、横山城を拠点にして小谷城（浅井氏の居城）の周辺や城下にたびたび兵を入れて攪乱し、大いに浅井氏を悩ませた。

同時に、宮部継潤《みやべけいじゅん》ら浅井の重臣や国衆たちを味方につけていき、浅井氏の勢力を弱めることに成功した。

秀吉が浅井方の阿閉貞征《あつじさだゆき》を寝返らせたのを機に、信長は天正元年（一五七三）八月、三万の兵力で浅井長政の領国北近江へ攻め寄せた。これを知った越前の朝倉義景は、二万の軍勢で後詰め（援軍）にやって来た。

すると信長は、朝倉軍へ奇襲をかけて崩壊させ、逃げる義景をそのまま追って一乗谷へなだれ込み、義景を自刃させたのである。そして、返す刀で再び小谷城へと攻め寄せた。結果、長政は自害して小谷城は落ち、ここに浅井氏は滅亡した。信長は論功行賞で秀吉に近江国湖北三郡（伊香郡・浅井郡・坂田郡十二万石）の支配を任せ、小谷城を与えた。かくして明智光秀に続き、秀吉は織田家で城主に昇格した。

天正二年、秀吉は琵琶湖沿いの今浜の地に新たな城をつくり始め、完成すると地名を「長浜」に改めた。信長の「長」の字をもらったとか、長く繁栄するようにと願いを込めたとかといわれるが、命名の理由は定かではない。

秀吉が小谷城から長浜城へ移るのは、天正三年冬から翌四年春のことだと推定されている。太田浩司氏は、長浜城は「二つの湊を内包し、内堀に湖水を引き込む水城」（太田浩司著「長浜城」村田修三監修・城郭談話会編『織豊系城郭とは何か　その成果と課題』所収　サンライズ出版）で、「物資の集散基地としての側面を重視」（前掲書）したつくりになっているとする。それは、「湊を内包することで、琵琶湖舟運を掌握し、それを積極的に活用することが、秀吉の長浜築城の目的」（前掲書）だからだと論じる。

一方、秀吉が長浜に新城をつくったのは本人の意志ではなく、信長の命令だったという説もある。これより前、比叡山延暦寺を焼き討ちした信長は、明智光秀に延暦寺の旧領大津を与え、坂本城をつくらせている。坂本城は琵琶湖の湖畔に位置する水城であった。そして長浜城が完成する頃、今度は自ら琵琶湖のほとりに安土城をつくり始め、琵琶湖西岸に大溝城を構築させた。このように信長が湖の周囲にいくつもの城をつくったのは、水上を掌握して交通網を牛耳るのが目的だったという見解がある。

一方、宮元健次氏は、今浜（長浜）に城をつくったのは「中山道、北国街道へつながる北陸、関東との陸路交通の要であったこと」「山頂の小谷城は、その城下町の発展性が乏しいのに比べて、今浜は平地で町造りに適している上、当時武将たちを悩ませた一向一揆で知られる浄土真宗寺院の集中する地であり、その統合のため」（宮元健次著『建築家秀吉　遺構から推理する戦術と建築・都市プラン』人文書院）だったとする。さらに「今浜の北東には鉄砲の生産地、国友《くにとも》があり、鉄砲鍛冶職人らの工房が集落を形成しており、これらを支配、掌握するため」（前掲書）と、別の理由も挙げている。

長浜城は天正十年（一五八二）まで秀吉の居城として使用されたが、秀吉が城に常駐して領地支配に専念できたわけではない。その後も各地を転戦しており、天正五年（一五七七）十月からは、中国地方の毛利攻めを命じられて長期の遠征に出ていた。それは、天正十年六月に信長が本能寺で倒れるまで続けられた。

秀吉のあと城主は、柴田勝豊（勝家の甥）さらに秀吉の家臣・山内一豊に受け継がれた。江戸時代になると、徳川譜代の内藤信成とその子、信正が長浜城主となったが、元和元年（一六一五）に廃城となり、以後は田畑となって城地は攪乱され、遺構は消失してしまった。このため長浜城の縄張り（城の設計）だが、正確なところはわかっていない。

根気強い戦術「三木の干殺し」

秀吉は築城の才があるだけでなく、城攻めも得意とした。中国平定戦でも巧みな攻城戦で次々と敵を屈服させていった。なかでも「三木の干殺し」「鳥取城の渇《かつ》え殺し」「備中高松城の水攻め」は、日本の戦史上、刮目に値する戦いだとされる。

秀吉は戦よりも調略（事前工作や外交戦）を重視した。敵地の民情や家臣団の人間関係などを把握したうえで、甘言をもって誘降し、あるいは内部分裂を誘って自滅させるのを得意とした。天正五年、そうした調略によって秀吉は難なく播磨を平定したが、翌六年二月に三木城主の別所長治《べっしょながはる》が毛利氏に応じて叛旗を翻すと、今度は十月に織田家重臣の摂津国有岡城主・荒木村重が反乱をおこした。結果、播磨国内の国衆もほとんど毛利方になってしまった。

秀吉は、背いた三木城の周囲に柵や塀を幾重にも構築して城方の動きを封じ、三十以上ある別所氏の支城を各個撃破する根気強い戦術をとった。結果、三木城内は食糧が尽きて飢え死にする者も現れたので、城主の別所長治は、自分と弟、叔父の命と引き換えに城兵の助命を秀吉に求めた。秀吉はそれを了承し籠城戦は終わりを告げたが、終戦は籠城開始から二年後の天正八年正月のことであった。通常なら焦燥感に駆られて力攻めにしてしかるべきだが、秀吉の根気強さには感心する。

心理戦術「鳥取城の渇え殺し」

秀吉の鳥取城攻め（鳥取城の渇え殺し）を『信長公記』や江戸中期に書かれた香川景継の『陰徳太平記』（史料的価値は低い）などを参考に詳述していこう。

鳥取城主の山名豊国は、織田氏と毛利氏とのはざまで去就を決めかねていたが、天正八年（一五八〇）、秀吉が大軍で鳥取城下に迫り、「織田に臣従するなら因幡一国を安堵するが、逆らえば人質を全て殺す」と伝えてきた。

このため豊国は、家臣の反対を押し切って織田方に降《くだ》ってしまった。そこで秀吉は包囲を解いて帰陣するが、『陰徳太平記』によると、それからしばらくして山名氏の重臣が豊国を説得して翻意させたという。

これを知った秀吉は、鳥取城下で人質を木に縛り付けて次々と殺害し、豊国の愛娘も磔にしようとしたのだ。驚いた豊国は、娘を救おうと城を脱して秀吉のもとへ駆け込んでしまったといわれる。一説には、豊国が秀吉に降伏しようとしたので、重臣たちが鳥取城から主君を追放したともいう。いずれにせよ、山名の重臣たちは主君の豊国に追従せず、毛利方に臣従を誓い、鳥取城に城将の派遣を要請した。そこで毛利輝元は、重臣の吉川経家《きっかわつねいえ》を遣わしたのである。

鳥取城の離反を知った秀吉はすぐに出陣せず、入念に準備を整えたうえ、天正九年六月になってから兵二万人を率いて出立した。峻険な山城である鳥取城を力攻めにするのは難しいと判断し、兵糧攻めを企てたのである。兵糧攻めの基本は城の包囲を厳重にして糧道《りょうどう》を完全に断つことだが、これに加えて秀吉は、城内の食糧を奪うこと、兵糧を早く消費させることにまんまと成功した。

　出発に先立って秀吉は、若狭国の商船を雇い入れ、鳥取城のある因幡国へ遣わし、米などの穀物を時価の数倍で買い集めさせたのだ。若狭の商人を用いたのは、自分の仕業だと悟られないためだった。このため、鳥取城周辺の農民は喜んで米穀を売り、鳥取城の兵までもが、欲に目が眩んで城米を売り払った。結果、戦う前から鳥取城の兵糧は払底していた。さらに秀吉は、鳥取城下の領民たちに故意に危害や圧迫を加え、彼らが城へ避難するよう追い立てたのである。こうして、城内人口は四千に膨れ上がったが、うち半数は非戦闘員。彼らは戦の役に立たぬばかりか、兵と同量の飯を食うため、籠城戦が始まるとすぐに食糧が足りなくなった。

　標高二六三メートルの久松山にある鳥取城は、四方が険しい地形になっており、北から西にかけて蒼海が広がっている。近く流れる大河（千代川）の岸辺（城から二十町離れた地点）には出城が置かれ、河口にも要害が築かれていた。この出城と要害は、安芸から水路で味方（毛利軍）を鳥取城に引き入れるためにつくられたものだった。

　鳥取城から一・五キロ離れた場所に、城と同じくらいの高さの山（二五二メートル）がある。秀吉は鳥取城下に着陣すると、ここに登って敵の城を眺めたあと、この山（本陣山）を本陣と定めて陣城（太閤ヶ平《たいこがなる》）を築いた。

太閤ヶ平は「大規模な土塁・櫓台で囲まれた方形の区画（内法＝東西約58m・南北約58m）で、さらにその土塁の裾を大規模な横堀がほぼ全周する堅固な要塞」（西尾孝昌・細田隆博著「太閤ヶ平」村田修三監修・城郭談話会編『織豊系城郭とは何かその成果と課題』所収　サンライズ出版）であった。

秀吉はその後、太閤ヶ平を中心に深さ八メートルにも及ぶ空堀を総延長十二キロにわたって鳥取城の周囲に掘り回し、頑強な塀や柵を何重にも築いたうえ、約七十の砦を設けた。そして一キロごとに三階建ての櫓を建て、騎馬武者二十人、射手百人を配置し、五百メートルごとに番所を設け、五十名を入れて監視させたという。また、毛利の援軍を警戒し、自軍の背後にも堀を掘り、柵を構築し、遠くからの矢が当たらないよう、高い土塁を築かせた。さらに、水路での敵方の兵糧輸送や城兵の脱出を防ぐため、海上に警護船を浮かべ、千代川や袋川に乱杭を打ち、縄を張り巡らした。

こうして包囲陣が完成すると、鳥取城と中継の出城・要害との連絡は完全に絶たれた。秀吉は海辺の集落を容赦なく焼き払い、夜になると、無数の提灯や松明で鳥取城の周囲を照らし、昼間のように明るくした。そして昼夜の別なく鐘や太鼓を叩き、あるいは鬨《とき》の声をあげさせ、城内に鉄砲や火矢をふいに放って不安を煽り立てた。このため、恐怖におびえて安眠できず、精神的に滅入ってしまう城兵が続出した。

また、制海権を握った秀吉は、丹波や但馬から自由に船で兵糧を運ばせ、城内が飢えているのをいいことに、これ見よがしに多数の商人を城外に呼び集め、市を開いて食べ物を売買させたり、都から芸人を招いて盛大に歌舞を演じさせたりした。大いに城内の厭戦《えんせん》気分を煽ったのである。

このどんちゃん騒ぎは、部下のためでもあった。長陣は兵を倦《う》ませるので、市を開いたり芸人を招いたりしたのだ。さらに秀吉自身が駕籠《かご》に乗って一日二度も陣中を見て回り、現場の軽輩に気安く声をかけて励ましたという。このため羽柴軍は常に活気と明るさに包まれ、長期戦による弛緩《しかん》を感じさせなかったと伝えられる。

『信長公記』によれば、秀吉はこの鳥取城を囮《おとり》に使うつもりだったという。安芸国から毛利本軍が後詰めに来た場合、二万の軍勢のうち数千の弓・鉄砲隊を繰り出して矢戦を展開し、その後、毛利軍が秀吉の陣城に押し寄せてきたら、敵を苦戦させたうえでどっと斬りかかり、ことごとく敵兵を皆殺しにし、その勢いで中国全土を一気に平らげようと考えていたというのだ。

しかし毛利軍は鳥取城に大軍を送らず、籠城四カ月で城は陥落してしまった。

落城間近になると、飢えた城兵が柵際に取り付き、もだえ苦しみながら羽柴軍に「ここから出して助けてくれ」と哀願するようになった。しかし秀吉は、容赦なく彼らを鉄砲で撃ち倒した。すると、まだ息があるにもかかわらず、城兵たちは刃物を片手に負傷者たちに殺到し、手足をもぎ取って、肉を剝ぎ、それを喰らったという。

ここにおいて、ついに城将の吉川経家は抵抗を断念。「自分と森下道与、奈佐日本介《なさやまとのすけ》の三将が腹を切ることで城兵の命を助けてほしい」と降伏を申し入れた。秀吉がこれを了解すると、三将の首が秀吉の本陣に届けられた。

約束どおり秀吉は、鳥取城の籠城兵を全て放免した。ただ、彼らの多くは飢えて動ける状態ではなかった。不憫に思った秀吉が、彼らに十分な食べ物を与えたところ、一気に腹に入れたため過半数が頓死してしまったという。ともあれ秀吉は、味方の損害を出さずに名城を手に入れたのである。

なお、鳥取城攻めの陣城・太閤ヶ平は、三木城攻めや高松城攻めの陣城と「比較しても太閤ヶ平は圧倒的な構造を有する」(西尾孝昌・細田隆博著「太閤ヶ平」 村田修三監修・城郭談話会編『織豊系城郭とは何か その成果と課題』所収 サンライズ出版）ため、「単に秀吉の本陣ではなく、織田信長の出陣を前提に築かれた」（前掲書）という説もある。じっさい、『信長公記』には、信長が鳥取城へ出向く覚悟があることが記されているので、秀吉は毛利本軍が鳥取城に来援したら、信長の応援を仰いで毛利軍を撃破し、信長とともに中国地方を平らげようと目論んでいたのかもしれない。

信長の仇を討った山崎に城を築く

翌天正十年（一五八二）五月、毛利の勢力範囲に深く侵攻した秀吉は、要の城である備中高松城の水攻めを開始した。城の周囲を堤防などで囲って川水を引き入れたのである。高松城の周囲は湖のようになり、内外からの出入りはできなくなった。これを知った信長は、「毛利の本拠地・安芸近くまで秀吉が押し寄せたのは、天の与えた好機である。私が自ら出陣して中国地方の歴々を討ち果たし、九州まで一度に平定してしまおう」と秀吉に伝え、明智光秀、細川忠興など諸将に先陣を申しつけた。

だが、信長が中国地方を訪れることはなかった。中国行きを命じられた明智光秀が謀反を起こし、同年六月二日、京都の本能寺で自刃を余儀なくされたからだ。

翌三日夜に本能寺の変を知った秀吉は、ただちに毛利と講和する。和平条件であった高松城主・清水宗治の切腹を見届けると、秀吉は高松城を開放し、すさまじい早さで中国攻めの拠点・姫路城へ舞い戻り、準備を整えたうえで山崎の地（京都郊外）で光秀を撃破した。本能寺の変からわずか十一日後のことであった。

主君の仇を討ったことで織田家での秀吉の地位は飛躍的に高まり、戦後処理や織田家の家督決めなども秀吉主導で進んでいった。

秀吉は戦いに勝利した山崎の天王山（標高二七十メートル）に新たな城郭をつくり始めた。永恵裕和氏によれば、この山崎城は「対岸の男山丘陵と共に、桂川・淀川・宇治川が合流する山崎の地を扼している」「河岸段丘上にあり」「山頂部分の石垣や、支尾根部分の横堀が城域全体を「ライン」状に囲い込んでおり、それらの外側の緩斜面には曲輪が広がらない」（永恵裕和著「山崎城」村田修三監修・城郭談話会編『織豊系城郭とは何か　その成果と課題』所収　サンライズ出版）特徴を持ち、「石垣や横堀は、城域最前面の防御施設として機能しながら、さらに山崎城全体の城域設定の機能も果たしている」（前掲書）という。

中井均氏は、「山崎城の圧巻は本丸の東側に一段低く構えられた曲輪群」（中井均著『秀吉と家臣団の城』角川選書）で、その「上辺には石材が点在している。築城当初は数メートルの石垣が鉢巻状に巡っていた」（前掲書）と推論。また、「本丸東面」（前掲書）の「竪土塁には石垣の痕跡が認められ、築城当初は登り石垣として築かれ」「二本の竪土塁と堀切が両腕のように守っている曲輪が山上の居館部分」（前掲書）だったと述べる。いずれにせよ、山崎城は相当な堅城だったようだ。

中井均氏は、秀吉が天王山に山崎城をつくったのは、「秀吉にとっては主君信長の仇《かたき》を討った山崎に聳《そび》える山」（前掲書）なので、「京や近畿《きんき》の民や諸大名に、主君の仇を討った秀吉こそ信長の後継者であることの正当性を主張する」（前掲書）ためで、「元来の長浜《ながはま》城や姫路《ひめじ》城に戻るのではなく、山崎の天王山に構えることが重要だった」（前掲書）と築城の政治的意図を指摘している。天守台跡が残ることから、安土城同様、山崎城に天守がつくられた事実も判明している。

秀吉が大坂の地を選んだ理由

翌天正十一年、秀吉は織田家の宿老・柴田勝家を賤《しず》ヶ岳《がたけ》合戦でやぶって自刃に追い込むと、天守を持つ石垣を多用した山崎城を惜しげもなく捨て去り、新たに大坂城を築き始めた。大坂城は、安土城をはるかに上回る、巨大で豪華な城であった。単に信長の後継者たることを表明するだけでなく、己が信長を超える権力と威厳を持つ存在だと全国に誇示する目的があったと思われる。

ルイス・フロイスも『日本史』の中で、秀吉は「万事、信長を己れより劣れる者たらしめようと決意した。その傍若無人にして傲慢なことのあらわれとして、信長が六年間包囲した大坂（石山）の地に、別の宮殿と城郭、ならびに新市街の建設を開始した。（略）建築の華麗さと壮大さにおいては安土山の城郭と宮殿を凌駕した」「日本においては今日まで以下述べるほど絢爛、豪華、そして壮大なものを造りあげた人物とてはいない」（松田毅一・川崎桃太訳『完訳フロイス日本史4　秀吉の天下統一と高山右近の追放　豊臣秀吉篇Ⅰ』中公文庫）と記している。

ただ、なぜ秀吉は天下人の城として、大坂の地を選んだのだろうか。

一つは、この場所が陸海交通の要衝地だったからである。淀川と難波津があることで、大坂は中国（明）・朝鮮―九州（大宰府）―瀬戸内海―京都・奈良をつないでおり、物流や人間の集散拠点となった。だから古代には難波宮が置かれ、中世には浄土真宗本願寺派八世法主の蓮如が石山御坊を建てた。やがて石山御坊は石山本願寺となり、寺を中心とした寺内町には二万人の信者が集まり、商工業が発達した。十一世法主・顕如《けんにょ》の時代には、キリスト教の宣教師ガスパル・ヴィレラが「日本の富の大部分は、顕如が所有している」と述べるほど、門徒たちから米穀や財宝、金銭が寄進された。そんな石山本願寺の跡地に大坂城と城下町をつくることは、秀吉の財政基盤を安定させ、経済的な支配力の強化につながった。同時に、水陸交通を利用して各地への迅速な軍事行動が可能となり、軍事上の優位性を保つことができたのである。

死ぬまで大坂城を増強

もともと大坂の立地に着目したのは、秀吉の主君・信長であった。信長は足利義昭を奉じて上洛すると、すぐに石山本願寺の富と立地に目をつけ、顕如に法外な金銭を強要したり、立ち退きを求めたりした。これに反発した顕如は信長への抗戦を決意。こうして石山戦争が勃発したのである。信長は一向門徒の激しい抵抗に苦しみながらも、ようやく十一年目にして石山本願寺を退去させ、大坂の地を手に入れたのである。ゆくゆくは、ここを本拠地にしようと考えていたといわれている。

『信長公記』も、大坂について高く評価している。

「大坂は、凡《およ》そ日本一の境地なり。其の子細は、奈良、堺《さかい》、京都に程近く、殊更、淀・鳥羽より大坂城戸口《きどぐち》まで、舟の通ひ直《スナヲ》にして、四方に節所《せっしょ》を抱《かか》へ、北は賀茂川、白川、桂川、淀・宇治川の大河の流れ、幾重《いくえ》ともなく、二里、三里の内、中津川、吹田川、江口川、神崎川引き廻し、東南は、尼上ケ嵩《たけ》、立田山、生駒《いこま》山、飯盛山《いいもりやま》の遠山の景気を見送り、麓は道明寺川・大和川の流に新ひらき淵、立田の谷水流れ合ひ、大坂の腰まで三里四里の間、江と川とつゞひて渺々と引きまはし、西は滄海漫《マン》々として、日本の地は申すに及ばず、唐土・高麗・南蛮の舟、海上に出入り、五畿七道こゝに集まり、売買利潤、富貴の湊《みなと》なり」（桑田忠親校注『改訂　信長公記』新人物往来社）

この記述から大坂という土地の利点がよくわかる。加えて秀吉が大坂を選んだのは、この地が城跡だったことも大きい。石山本願寺は寺院といっても、幾重にも堀や土塁などで囲まれており、実質的には大城郭だった。大坂城をつくるさい、こうした施設を利用できるのも大きなメリットだったと思われる。

きっと秀吉は、信長から大坂の素晴らしさを聞いていたに違いない。だから、池田恒興《つねおき》（織田家の重臣で信長の乳兄弟）が管理していた石山本願寺の跡地を手に入れ、天正十一年から大坂城の築城を開始したのだ。

最初につくり始めたのは本丸。続いて三年後に二の丸の工事に取りかかり、以後は死ぬまで大坂城を増強し続けていった。

大量の石材はどこから集められたのか

大坂城には、最高水準の城郭技術がふんだんに注ぎ込まれた。

縄張りは輪郭式を採用し、本丸を中心に複数の石垣をめぐらした曲輪（二の丸、三の丸）をつくり、さらにそれを幾重にも堀で取り囲んだ。堅固な高石垣と広大な多重の堀によって、内郭（中心部）に近づくほど防御は強化され、本丸への敵の侵入を許さない頑強な防御構造を備えた。

石垣は基本的には自然石を用いているが、打込接《うちこみはぎ》の箇所も確認できる。打込接とは、石を打ち欠いて加工し、隙間を少なくして積み上げる技法のこと。また、石垣の角隅については算木積《さんぎづみ》という、直方体の石材の長辺と短辺を交互に組み合わせて積んでいく手法（まだ未熟な部分も見られる）を採用して強度を高めている。

ルイス・フロイスは、大坂城の「工事において万人がもっとも不思議に思い驚嘆と畏怖の念を抱いたのは、かくも夥しい大量の石材をどこから集めて来ることができようかということであった」（松田毅一・川崎桃太訳『完訳フロイス日本史4　秀吉の天下統一と高山右近の追放　豊臣秀吉篇Ⅰ』中公文庫）と述べているが、石垣の石材は、大坂湾周辺を始め、瀬戸内海沿岸の各地から集められた。石の種類はバラエティに富んでおり、「古墳時代の石棺や古代の礎石などの転用材を用いているほか、石材は花崗岩以外の砂岩、緑泥片岩、安山岩など」も見られ、「花崗岩は生駒《いこま》山系や六甲《ろっこう》山《さん》系のものが持ち運ばれた」（中井均著『秀吉と家臣団の城』角川選書）という。

石は大きなものだと重さは数トンを超えたが、フロイスが人に聞いたところによれば、石を載せた船が毎日千隻以上も大坂の河に入ってくるという。じっさい大坂城周辺は、各地から集まる石であふれていた。秀吉が諸大名に厳命して運ばせていたのだ。たとえば築城工事を始めるにあたって、秀吉は家臣の前野将右衛門に、次のような掟書を発している。

「①採石場で石を自分のものとするためには石に印を付けるだけでは不十分で、実際に石を運ばなければならないこと、②採石に従事する期間は原則として野陣をはるか、あるいは大坂に宿をとること、③石運びの途上では大石運搬中の者を優先して通行させること、④喧嘩を禁止すること、⑤百姓たちに理不尽な要求をしないこと」（大阪城天守閣編『特別展　秀吉の城』大阪城天守閣）

天正十四年二月にも、築城に秀でていた直臣の加藤嘉明に、石の運搬について九ヶ条の定書を出している。そこには、「採石場を囲い、石に印《しるし》を付けても無効であり、石場《いしば》から百メートルほど運んで初めてその人の石と認定されること。大坂の町内で強引に宿を借りてはいけないこと。大石運搬に出会ったら、どんな身分の人間であろうと道をあけなければならないこと。酒に酔った上での口喧嘩《くちげんか》であろうと厳しく処罰すること」（前掲書）など、前野に発した掟書よりさらに厳しい内容が書かれている。

同天正十四年から二の丸をつくる第二期工事がスタートしており、石の運搬でさまざまなもめ事が起こっていたのだろう。フロイスも「一個の石でも盗んで、自分の勘定に入れることは許されず、それをあえてすれば誰しもただちに斬首された」（松田毅一・川崎桃太訳『完訳フロイス日本史4　秀吉の天下統一と高山右近の追放　豊臣秀吉篇Ⅰ』中公文庫）と述べている。

中井均氏は、豊臣時代の石垣は「東面と南面であるが、南面に巨石を配しているのに対して、東側は比較的小石材を積んでおり、この差違は南側が正面だったため」（中井均著『秀吉と家臣団の城』角川選書）とする。正面からの見栄えを気にしていたようだ。ただ、大坂城は軟弱な地盤だったこともあり、高石垣を一気に積み上げることはできず、跡部信氏によれば、「本丸では3段階に区切られ、雛壇状に2段の平面（下ノ段と中ノ段）をはさんで頂上（詰ノ丸）までのぼっていく、立体的かつ複雑な構造がとられていた」（跡部信著「大坂城」村田修三監修・城郭談話会編『織豊系城郭とは何か　その成果と課題』所収　サンライズ出版）という。

限られた人しか使用できなかった金箔瓦

虎口《こぐち》（城の出入口）の防御力も強化されており、「外桝形状に門の前面で屈曲を加えて直進を妨げている。さらに外桝形部分には門を構えず、屈曲した内側に櫓門を配置する構造」（中井均著『秀吉と家臣団の城』角川選書）になっていた。さらに虎口の前面に大きな丸馬出という半円形の突出部分（曲輪）が設けられた箇所があった。これにより、敵が城の壁に接近する前に側面から攻撃することができるのだ。丸馬出は、敵を分断し攻撃を集中させるための効果的な防御構造といえる。

また、秀吉の死後のことになるが、大坂の役の直前、城の南面に出丸（城の主要部分から突き出た曲輪）をつくり、敵の攻撃を側面から迎撃できる工夫をこらした。それが真田信繁（幸村）が築いた真田丸である。

大坂城本丸の巨大な天守は、当時の記録や絵図を見ると、大入母屋屋根を持つ五重六階（地下二階）の建物で、外装は真っ黒な漆で塗られており、金箔瓦が輝いていたことがわかる。高さと荘厳さを強調した天守は、まさに秀吉の権威と富の象徴となり、諸大名を畏怖させたことだろう。

発掘調査によって、天守以外にも大坂城では金箔瓦が多用されたことがわかっている。もともと金箔瓦は、信長が安土城などに用いたことが始まりで、自分の居城のほか息子など直系一族の城だけに許したものだった。秀吉も当初、居城と一門の城以外には使用を認めなかったが、豊臣政権が成立すると、大坂城・聚楽第・伏見城に配置した大名屋敷、さらには配下大名の居城にも許可を出すようになった。

大坂城の本丸天守には奥御殿があり、秀吉はそこに居住していた。朝鮮出兵の最中、講和のために明の使節の来日が決まると、さらに政務をとる表御殿の一部に千畳敷と称する壮大な広間がつくられた。

豪華な大坂城

ポルトガル人宣教師、ガスパル・コエリョら約三十名のキリスト教関係者は、キリシタン大名・高山右近の仲介で天正十四年（一五八六）に大坂城を訪問した。このときのことをルイス・フロイスが書きとめているので紹介しよう。

サービス精神旺盛な秀吉は、右近に連れられたガスパル・コエリョ一行がやって来ると、自ら大坂城を案内した。豪華な黄金塗りの部屋や技巧をこらした庭園を喜んで見せ、壮麗な天守の中まで連れて行った。桁が低いところでは、秀吉本人が宣教師たちに「頭をぶつけないよう気をつけよ」と注意をうながしたという。

天守の各階には財宝が充満しており、一行は金糸を縫い付けた寝台や組み立て式の黄金の茶室も目にしている。四階まで上ると、秀吉は彼らに茶を与えて一服させたという。天守の最上階には外廊が巡っており、眼下には多数の労働者が工事に従事している様子が見え、目を遠くに転じれば数カ国を見渡すことができたそうだ。さらに秀吉は、本丸の居館（奥御殿）に宣教師たちを招き入れ、寝室まで見せる厚遇ぶりだった。秀吉が声をかけると、女性たち（秀吉の妻子や側室）が続々と奥のほうから姿を現したという。

秀吉は、大坂城の周囲を整地して広大な城下町をつくっていった。各地から多くの商人や職人が町に集まってきたが、さらに城下を繁栄させるため、天正十二年（一五八四）に堺の町から商人たちを強制的に大坂城下に移転させた。大坂城とその城下町は密接に結びついており、城下町は経済活動や物流の中心地になるだけでなく、城の防御ラインの一部としても機能し、城全体の防御力を高めた。とくに小田原平定のさい、小田原城の惣構《そうがまえ》（総講とも。城下町ごと、堀や土塁・石垣で囲む防御構造）を目にした秀吉は、それを模倣して文禄三年（一五九四）から大坂城に惣構を築いた。

近年の発掘調査により、大坂城跡から小田原北条氏特有の障子堀（堀の底部を畝状に掘り残して敵の侵入を防ぐ）も発見されている。このように、敵城の長所を臆面もなく取り入れるところが、秀吉のスゴさであった。

いずれにせよ、大坂城の築城は、これまでとは比較にならない人数を必要とした。山や谷を利用できる山城ではなく、真っ平らな土地に城をつくり上げる必要があったからだ。先述のとおり、堀や石垣はある程度、石山本願寺の遺構を利用できたろうが、広大な平城（大坂城）を造成するため、新たに土を掘ったり盛り上げたりした箇所も多かったはず。何より膨大な石材を用いて石垣を組むのは大変な作業だったろう。

完全破壊された聚楽第

秀吉は当初、天皇や公家を京都から大坂へ移し、大坂を都にしようと考えていた。京都五山などの主要な寺社も移転させるつもりだった。なぜそれが中止されたかは不明だが、天正十四年（一五八六）になると、京都の平安京大内裏旧跡に邸宅（聚楽第）をつくり、そこに住むようになった。これにより、豊臣政権の政庁は大坂の大坂城から京都の聚楽第へ移った。天正十六年には後陽成天皇の行幸を仰ぎ、諸大名に秀吉への忠誠を誓わせている。

聚楽第は、秀吉の邸宅というイメージが強いが、記録によると完全なる城郭であった。数年後に徹底的に破壊されてしまい、現在その痕跡は残っていないが、残された絵図（聚楽古城図副本）を見ると、聚楽第の「本丸は方形で北・西・南の三方向に口があき、西・南の外側にはそれぞれ小規模な曲輪を備える。周囲は大名屋敷で、北には秀吉の母大政所《おおまんどころ》、南には、弟の秀長やのちに関白の座を譲られる甥の秀次の屋敷が示される。文献調査や発掘調査を踏まえた近年の研究では、本丸の北にも曲輪があったことが確認」（大阪城天守閣編『特別展　秀吉の城』大阪城天守閣）できるという。本丸には、天守（異説あり）がそびえていたと伝えられる。

さらに秀吉は、天正十九年になると、鴨川（東）、鷹ヶ峯（北）、紙屋川（西）、九条（南）をアウトラインとして、自然の川や池沼、丘を利用しつつ堀と土塁を二十二・五キロにわたってつくり上げ、京都の中心部を囲ってしまった。これを御土居と呼ぶ。その目的は、秀吉の政治拠点である京都を敵襲から守るためだった。また、鴨川の洪水から町を守る目的もあったという。小田原平定のさいに見た小田原城の惣構を、おそらく京都にも導入しようとしたのではなかろうか。ちなみに御土居の内側を洛中、外側を洛外と呼ぶようになったが、出入口は七口と称される鞍馬口など十箇所ほどしかなかったので、京の人びとは不自由を強いられることになった。

聚楽第の痕跡が残っていないのは、秀吉が徹底的に破却したからである。天正十九年十二月、息子の鶴松が夭折したため、秀吉は関白職を甥の秀次に譲り、聚楽第の主も秀次に替わった。しかし二年後に秀吉と淀殿の間に秀頼が生まれたことで、秀吉は秀頼を後継者にしたいと考えるようになり、結果、秀次に謀反の罪を着せて高野山に追放し切腹に追い込んだのである。聚楽第の敷地は更地にされたが、遺構の一部は別の場所に移築された。今も聚楽第の伝承を持つ建物は多いが、西本願寺の飛雲閣や大徳寺の唐門などもその一つで、桃山文化の代表的な建築物として知られている。

白亜の堅城

天正十八年、秀吉は自分に従わない小田原北条氏の討伐を命じた。このため、翌年二月から諸将が軍事行動を開始した。秀吉も三月一日に京都から出陣。動員した兵力は総計二十二万人におよんだ。前代未聞の大遠征であった。

対して北条氏も総動員をかけ、五万六千程度(諸説あり)の兵をかき集めたとされるが、それでも豊臣軍の約四分の一程度だった。しかし北条氏政(前当主で最大実力者)は、決して負けない自信があったのである。なぜなら小田原城は、一度も陥落したことのない堅城だったからだ。上杉謙信や武田信玄の猛攻にも耐え、結局、彼らは兵站線を維持できず、撤退を余儀なくされた。しかも今回の合戦にあたり、北条氏は小田原城を大規模改修し、城下町まで土塁で完全に取り囲んでいた。外郭の総延長は約九キロ(東西約三キロ、南北約二キロ)に及んだ。いわゆる惣構を構築していたのだ。しかも、小田原城には数年の籠城に耐えられるだけの食糧が備蓄されていた。

秀吉はわずか半日で山中城を落として北条方の防衛線を突破し、その後、豊臣軍は箱根道、熱海道、足柄道などに分かれて小田原城を目指し、途中、鷹巣城、足柄城、根府川城を次々と開城させ、四月三日に小田原城下に到達した。五日、秀吉は本陣を北条氏の菩提寺である早雲寺に置いた。小田原の沖合には九鬼水軍、毛利水軍、長宗《ちょうそ》我部《かべ》水軍など、豊臣方の船一万隻余りが姿を現した。ただ、包囲してすぐに北条氏が降伏してくるとは考えておらず、長陣を想定した秀吉は、小田原城の西方三キロ地点にそびえる笠懸山に大城郭（のちの石垣山城）をつくり始めた。

同時に関東各所へ別働隊を派遣し、北条氏の支城を攻略させていった。

諸将たちにも長陣を覚悟させたので、各陣地では茶室付の屋敷や庭園が建造され、畑もつくられた。また、豊臣軍を目当てに商人や遊女たちが群がり、多くの店が立ち並び、町のように活気づいた。

築城開始から約八十日後、笠懸山に陣城が完成すると、秀吉はここに居を移した。そして前面の杉林をことごとく切り倒させ、小田原城中からもよく見えるようにした。この石垣山城は、総石垣づくりの白亜の堅城であった。

『関八州古戦録』によれば、にわかに現れた大城郭を目の当たりにして城兵たちは大いに驚き、「何ということだ。一夜にしてこれほどの石垣や白壁を持つ陣城を建てるとは！　秀吉がとても常人とは思えない。きっと彼は天魔の化身に違いない」とため息をついて舌を巻き、身震いしたという。

堅固な総石垣づくりの巨城がいきなり眼前に現れたら、誰だって驚いて戦意を失ってしまうだろう。先の『関八州古戦録』は、城は杉原紙などでつくった張りぼての城だったとする。小田原城兵の士気をくじくため、秀吉が奇策を用いたというのだ。じっさい、石垣山城が完成した頃、会津の伊達政宗がここで秀吉と対面したが、このおり政宗は、昨日はなかった白壁を見て、紙を貼ったものだと看破した記録が残っている。だから確かにそうした箇所もあったのかもしれないが、基本的にこの陣城は、豊臣政権の総力を挙げて短期間でつくり上げた、正真正銘の総石垣づくりの大城郭であった。秀吉は、石工集団の穴太衆、金工の後藤徳乗、芸術家の本阿弥《ほんあみ》光悦《こうえつ》などを伴っており、初めから堅固な城をつくるつもりだったのである。

なお、城の完成まで木を切らなかったという逸話だが、石垣に城を築くためには最初に周囲の樹木を伐採するのが基本なので、怪しいのではないかといわれている。

江戸中期の享保五年（一七二〇）に作成された「太閤御陣城相州石垣山古城跡」の絵図を見ると、絵図がつくられた当時、「石垣山城跡は「本城」と記される本丸を中心に、南曲輪《みなみくるわ》、北方の馬屋曲輪《うまやくるわ》、その他の帯曲輪《おびくるわ》などの石組が比較的よく残っていたようだ」（大阪城天守閣編『特別展　秀吉の城』大阪城天守閣）

石垣山城の縄張りだが、西股総生氏によると、本丸を中心に二の丸、三の丸のほか「諸曲輪が展開し、城域の南側には大堀切を隔てて出丸」（西股総生著「石垣山一夜城」村田修三監修・城郭談話会編『織豊系城郭とは何か　その成果と課題』所収　サンライズ出版）があり、「各曲輪を連絡する導線には枡形虎口が多用されており、二ノ丸から本丸へ上がる虎口などは外枡形と内枡形とを重複させた、厳重きわまりない形態となっている」（前掲書）という。

また西股氏は、石垣山城は「北条軍の逆襲や長陣による士気低下によって包囲陣が危殆に瀕した場合でも、秀吉の安全を確保して戦線の決壊を防ぎ、万一の場合でも全軍の退却を支えるための持久拠点として機能する」（前掲書）よう「純粋に軍事的な動機から築かれた」（前掲書）と考えるべきではないかと論じている。

名護屋城の築城

小田原北条氏の支城群は豊臣の別働隊の攻撃を受け、鉢形城、江戸城、岩付城と次々に開城・陥落し、壮大な山城であった八王子城も、力攻めによって天正十八年（一五九〇）六月の末に一日で落ちてしまった。戦意を喪失した当主の北条氏直（氏政の子）は、七月に秀吉に降伏を申し入れた。結果、主戦派の氏政は切腹、氏直も高野山に追放となった。こうして関東の北条氏が倒れると、東北の諸将は戦わずして豊臣政権に服し、秀吉はついに天下を統一したのである。

ただ、この頃から秀吉は明の征服を企てており、その拠点として肥前に陣城の名護屋城を構築し始めた。けれど、明攻略（唐入り）の先導を命じた朝鮮が拒んだことで、秀吉はまずは朝鮮を服属させるため、天正二十年から朝鮮出兵を断行する。これについては加藤清正の項目で詳しく述べるが、簡単に名護屋城について記しておこう。

秀吉は天正十九年八月、加藤清正、小西行長、黒田官兵衛らを普請奉行とし、大陸遠征のための陣城（御座所）の構築を九州の諸大名に命じた。城の立地は、秀吉自身が決めたといわれる。名護屋の地名が秀吉の故郷に近い那古野と同じ音であり、主郭部となる山も勝男岳といい、縁起が良いからと験《げん》を担いだのだとされる。

縄張りは黒田官兵衛がおこない、工事はすさまじい早さで進み、わずか八カ月ほどで完成をみた。中井均氏は、「普請とは別に資材の調達などは天正一八年より始められていたようである」（中井均著『秀吉と家臣団の城』角川選書）と推論している。

その縄張りだが、宮武正登氏によると、「本丸を二ノ丸・三ノ丸が東西から挟んで補佐し、両郭の北辺には遊撃丸と北三ノ丸とを配して段差による重層的防御を果たしている。これに東出丸を連ねて最東端の防備を固めた上で、大手口をその南下方に設定している。一方、西半域では二ノ丸南隣に広大な弾正丸を付設し、その南西端に搦手口を配置した」（宮武正登著「肥前名護屋城」村田修三監修・城郭談話会編『織豊系城郭とは何か　その成果と課題』所収　サンライズ出版）構造になっているという。

名護屋城の本丸には五重七階の天守がそびえ、城の総面積は約十七ヘクタールに及ぶ広大なものだった。城の周囲三キロ以内には、石垣や築地で囲まれた約百三十もの大名たちの陣屋（陣所）も建設されていった。兵士が多数駐屯したこともあり、商人や職人などを含めて二十万人（異説あり）の都市がにわかに現出したという。

意外なことだが、宮武氏は、名護屋城は「豊臣秀吉が拠点とした城郭の中で総石垣造りの塁線全体を地表上から視認できる、唯一かつ最大の現存城郭跡」（前掲書）だという。確かに大坂城は地下に埋没し、聚楽第は更地にされた。後述するが、地震で崩れた指月伏見城は消滅、木幡山伏見城も関ケ原合戦後に家康が再建したもので、しかも徳川の大坂城の再建のさい、伏見城の石垣は持ち去られてそちらに転用されてしまっている。

中井均氏は、名護屋城の石垣は「基本的には自然石を用いた野面積み」（中井均著『秀吉と家臣団の城』角川選書）だが、「なかには矢穴技法によって割られた割石も使用されたり、粗割りした石材の割面を表面に用いて平滑な石垣面としている箇所もある」（前掲書）など「様々な石材や石積みが認められ」「名護屋城の石垣はひとつの技術、もしくは技術者集団によるものではなく、様々な技術が用いられていることがうかがえ」「高石垣の構築技術がまだ定型化する以前の、いわば試行錯誤している段階を示している」（前掲書）と評価する。

二つの伏見城

秀吉自身は天正二十年（一五九二）四月二十五日に名護屋城に入り、以後、ここから戦い（文禄の役）の指示を出した。さらに翌年三月を期して自ら朝鮮へ渡海すると宣言、鉄を張った金色の巨大な御座船をつくったが、結局、戦線が膠着してしまったため、秀吉が海を渡ることはなかった。

母親の危篤を知った秀吉は、同年に上方へ戻ってしまう。そして隠居の屋敷をつくると公言し、京都伏見の地に隠居所をつくり始めた。場所は、古代から宇治川沿いの月見の名所として知られた指月の岡であった。一説には伏見という地名が「不死身」に通じるので秀吉が気に入ったのではないかといわれている。

「近年の発掘調査の結果、宇治川の北岸に面した方形居館タイプの縄張りであったことが判明」（前掲書）しており、「さらに堀によって三区画から構成されていた」（前掲書）と考えられている。

再び秀吉が名護屋城に向かうことになったので、普請作業はいったん中断されたが、翌文禄二年（一五九三）から再開された。ただ、隠居所は単なる館から大規模な城郭へと計画が変更された。ちょうどこの年に秀頼が誕生しており、「大坂城を秀頼に与える構想と、朝鮮出兵の和平交渉役として明《みん》の使者が来日するという状況から、隠居所伏見城を自らの居城」（前掲書）にしようとしたのだという。こうして翌文禄三年から本格的な城への大改修が始まった。

西国大名たちは朝鮮出兵に駆り出されていたので、普請や作事は主に北国や東国の大名たちに負荷された。天守などは淀城から移築し、さらに秀次の謀反事件が起こると、聚楽第の建物の多くが伏見城に移された。秀吉は、諸大名に対して伏見城下に屋敷を設けて移住するように命じた。また、宇治川を挟んで指月伏見城の対岸に向島城をつくり、両城を美しい橋（観月橋）で連結したのだった。

ところがわずか二年後の慶長元年、慶長の大地震によって天守や御殿は倒壊し、伏見城は壊滅的な打撃を蒙ってしまった。城内では多くの死者が出た。

このため秀吉は、元の場所から少し離れた（東北に八〇〇メートル）木幡山に新たに城を築くことにした。すでに同年十月には昼夜にわたる突貫工事で本丸が完成し、翌慶長二年（一五九七）五月、天守や御殿が落成した。秀吉自身もたびたび督促のために工事現場を回っており、あるときなどは工事を担う大名たちに紙衣などを贈呈している。このとき伊達政宗も彩色の紙衣を拝領したという。

なお、二つの伏見城を区別するため、指月の岡につくられた旧城を指月伏見城、新城を木幡山伏見城と呼んでいる。やはり新城の建物も聚楽第由来のものが多かった。

城内には舟入学問所と呼ぶ茶亭がつくられ、宇治川からそのまま舟で着岸できる構造になっていた。慶長二年（一五九七）三月、秀吉は城内で茶会を楽しんでいるが、おそらく舟入学問所が会場として使用されたのではないだろうか。

土の中に埋もれた権力の象徴

慶長三年になると、秀吉の体力は急速に落ちていった。数年前から神経痛や咳が酷く、体調はあまり良くなかったが、同年五月になると衰弱していき、端午の儀式で大名たちに謁見したあと、貧血のためか昏倒してしまい、その後は床に就くことが多くなった。それでも、気分の良いときは木幡山伏見城の普請場に出向くこともあった。ただ、六月に入ると食事が喉を通らなくなり、七月に入ると寝たきりの状況になった。七月一日に回復を願っておこなわれた神楽の効果もなく、尿失禁や気絶することもしばしばだった。八月、秀吉は家康や前田利家ら五大老たちを枕元に集め、「秀頼のことを頼む」と書いた遺言を披露し、八月十八日の午前二時頃、秀吉は伏見城において六十二歳の生涯を閉じた。

遺体は立派な棺におさめられ、伏見城の庭園に安置された。翌慶長四年正月、ようやく秀吉の死が公にされ、同年四月、遺骸は京都の伏見城から阿弥陀ヶ峯へ移され、豊国大明神として祀られることになった。

なお、伏見城には家康が入城して豊臣政権を運営したが、翌年七月、家康が会津征伐へおもむいている留守中に石田三成らの西軍の猛攻を受けて落城してしまった。関ヶ原合戦後、家康は急ピッチで伏見城を再建。慶長八年に江戸幕府を開いたあとも、この城を拠点にして数年間、天下の政治をとった。

さて、秀吉が死ぬまでつくり続けた大坂城だが、その後は秀頼の居城となった。しかし家康が幕府を開いたことで秀頼は天下人の地位から転落した。その後、家康は秀頼の存在を危険視し、難癖をつけて慶長十九年に大軍で攻め寄せた（大坂冬の陣）。が、堅牢な大坂城を落とすことはできなかった。そこで家康は、淀殿の居室近くに砲弾を撃ち込むなどして講和に持ち込んだ。講和の条件として大坂城の外堀と内堀を埋めることを求めた。こうして大坂城が防御力を失ったところで、翌慶長二十年、家康は強引に再征（大坂夏の陣）に持ち込み、大坂城を落として豊臣秀頼を滅ぼしたのである。それから数年後、豊臣の大坂城の建物は全て撤去され、その上に盛土をし、改めて徳川の大坂城を構築したのである。

大坂の地から石山本願寺を駆逐して居城をつくろうとした信長は自刃し、その後継者として安土城をしのぐ大坂城をつくった秀吉だったが、そんな権力の象徴も土の中に埋められてしまい、その真上には新しい権力者である徳川の新城が創建されたのである。まさに大坂の地は、戦国における下剋上を体現しているかのようだ。

築城者

黒《くろ》田《だ》官《かん》兵《べ》衛《え》孝《よし》高《たか》

◇築城の特徴

軍事の才能を活かし、地形を利用した巧みな城づくり。

出身地　播磨国飾東郡姫路（現在の兵庫県姫路市）

生　誕　天文15年（1546）

死　去　慶長9年（1604）／享年59歳

主な築城歴

築城内容　豊臣秀吉から九州に領地を与えられ、その拠点になった城。

城名　**中津城**

主要城主　黒田官兵衛孝高、細川忠興、小笠原長次、奥平昌成

城の概要　築城年／天正16年（1588）　所在地／大分県中津市

※築城年は築城開始年。

築城内容 朝鮮出兵の本拠地になる城が欲しい!

城名 **名護屋城**

主要城主 豊臣秀吉

城の概要 築城年/天正18年(1590)~天正19年(1591) 城地種類/平山城 敷地面積/約17ha 高さ・階数/天守約25~30m、5重7階 所在地/佐賀県唐津市

築城内容 息子長政の居所、領国統治の拠点を築く。

城名 **福岡城**

主要城主 黒田官兵衛孝高、黒田長政

城の概要 築城年/慶長6年(1601) 城地種類/平山城 敷地面積/内郭面積約410,000㎡ 高さ・階数/天守閣の存在は定かではない 所在地/福岡県福岡市

前代未聞の攻城戦

黒田官兵衛孝高（如水）は、藤堂高虎、加藤清正と並んで三大築城家（三大築城名手）といわれている。ただ、いつからそう称されるようになったのかわからない。それに、他の二人と違って、官兵衛がつくった城郭の石垣や建物が多く残っているわけでもない。

今回は、官兵衛が手がけた中津城と福岡城を紹介したいと思う。

官兵衛は、播磨国の大名・小寺政職《こでらまさもと》の重臣であった。播磨は、中国地方の強大な毛利氏と新興の織田信長にはさまれた地域だったが、官兵衛はいち早く信長に従うべきだと主張し、主君を納得させて織田方に付かせた。

天正五年（一五七七）秋、信長は毛利攻めのため、重臣の羽柴秀吉を中国地方へ差し向けたが、このとき官兵衛は、遠征の拠点として己の居城である姫路城を秀吉に譲り渡した。また、備前・美作の大大名である宇喜多直家を織田方に寝返らせることに成功する。喜んだ秀吉は、「おまえを弟の秀長同様に思っている」という書状を官兵衛に与え、参謀（軍師）として重用するようになった。

しかし翌年、官兵衛の運命は暗転する。

信長の重臣で有岡城主の荒木村重が謀反を起こすと、官兵衛は説得のために単身で有岡城へ乗り込んでいった。ところがそのまま獄に押し込められてしまったのだ。官兵衛が救い出されたのは、一年後のことだった。だが、陽の当たらぬ狭い土牢に閉じ込められていたので、膝も曲がったままになるなど身体が不自由になってしまった。

天正十年（一五八二）五月、秀吉は官兵衛の進言に従い備中高松城を水攻めにしたが、その最中、信長が本能寺で自刃したという知らせが入った。このとき官兵衛が秀吉に仇討ちを勧めたので、秀吉はすぐさま毛利氏と講和を結んで引き返し、京都近郊の山崎で明智光秀をやぶったといわれる。ただ、水攻めや中国大返しが官兵衛の功績だというのは、黒田家の『黒田家譜』に載る話なので、史実かどうかはわからない。

いずれにせよ、秀吉は翌年、石山本願寺の跡地に大坂城を築くが、その縄張りを担ったのも官兵衛だったと伝えられる。普請惣奉行をつとめたという説もある。なお、官兵衛が築城にあたったのは最初の本丸の普請だけで、二の丸工事以後はあまり関与しなかったらしい。

本能寺の変前は二万石程度の大名だった官兵衛だが、四国平定の功により三万石（五、六万石とする説もあり）の大名となり、さらに九州平定後、豊前国八郡のうち六郡におよぶ領地（約十二万石）を与えられた。

一年で完成した中津城

官兵衛は豊前に移ると、とりあえず馬ヶ岳城に入った。これまでの領主たちが拠点にしてきた交通の要衝地だったからだ。しかしこの城は、山城（標高約二百十六メートル）であるうえ、六郡を支配するには場所が偏り過ぎていた。そこで、中津に新たな居城をつくることにしたのである。

中津は、領内の中央部にあたる豊かな平野で、中津川（山国川の支流）が周防灘にそそぐ河口沿いのデルタ地帯に位置する。北側は海、西側は川に面し、近くには高田津や今井津という湊もあり、大きな街道も通っていた。まさに居城をつくるのに最適の地であった。

じっさい、この場所には昔、中津江太郎という武士の居城（丸山城）があったとされ、それを大改修するかたちで官兵衛は新城、中津城をつくっていった。本丸に三重の天守を建て、本丸東側に二の丸、南側に三の丸を配置した。ちょうど扇を広げたような形状になることから、中津城は扇城とも呼ばれるようになった。城の東側は二重、南側は三重の堀をめぐらせた。外堀には「おかこい山」と呼ぶ土塁を盛った。
諏訪勝則氏の著書には、「『黒田如水伝』には、築城に関して、官兵衛から長政に与えた「普請之次第」というものが載っている。次第というからには着手する順番のことであり、一番に材木を出すことから、最後である七番目に城の出入口に取り掛かることまでが示されている。官兵衛は中津の商人伊予屋弥左衛門の家に宿泊し、工事を監督したという」（諏訪勝則著『黒田官兵衛「天下を狙った軍師」の実像』中公新書）とある。

こうした手順を決めたのは、とにかく素早く新領を統治する堅城をつくりたかったからかもしれない。黒田氏という新参者がいきなり入ってきたことに対し、面白く思っていない豊前の国衆や民は多かった。後述するが、官兵衛が豊前に入った直後から一揆が起こり、反黒田氏の空気は豊前全体を覆い始めた。そんな人びとに総石垣づくりの巨城を見せつけ、新しい支配者として認識させる必要があったのだろう。なんと中津城は、天正十六年（一五八八）から着工してその年のうちに完成したという。

中津城はその後、細川氏時代を経て奥平氏が代々の城主となったこともあり、官兵衛時代の痕跡は、あまり多くは残存していない。『中津城を知る　九州最古の近世城郭』（中津市教育委員会）によると、とくに細川忠興が隠居の城として改修に熱を入れたようで、現在のような本丸、二の丸、三の丸、さらに八つの門と二十二の櫓が完備されたのは、細川時代のことだとされる。なお、細川氏が肥後一国を与えられて中津から転封すると、今度は小笠原長次が城主となって城下町の整備をおこない、享保二年（一七一七）以後は、奥平氏が明治四年（一八七一）まで中津城主をつとめた。

秀吉が許可した金箔瓦

地表で官兵衛の痕跡がわかる場所は、本丸の北側である。よく見ると石垣にY字状の目地が通る場所があり、向かって右側の石垣が黒田時代のものだといわれる。その上に積まれている左側の石垣が、細川氏の手によるものとされる。ただ、細川時代の石垣は丸みを帯びた自然石で、それより古い黒田時代の石垣は四角く加工された石が多く使われているので城郭の発達史としてはおかしいのではないかと『中津城を知る九州最古の近世城郭』には記されている。

同冊子を参考に、さらに黒田時代の中津城について語っていこう。

黒田時代の石垣は反りがなく直線的で、両端より中央のほうが傾斜している。これは、力を内側に集中させ、倒れにくくするためだといわれる。堀底からは、黒田時代の瓦が出土しているが、秀吉の家紋である桐の葉を形どった瓦である。金箔瓦も出土しているが、こうした瓦を使用するのには秀吉の許可が必要であった。ちなみに金箔瓦が大分県で出土したのは、中津城が初めてである。

鎮房を神として祀った理由

中津城本丸の鉄門付近には、いまも官兵衛が創建した城井《きい》神社が鎮座する。祭神は、戦国時代に実在した城井（宇都宮）鎮房《しげふさ》である。宇都宮氏は、源頼朝に豊前国守護に任じられて以来、城井谷城を拠点に四百年間根を張る名族だった。なぜ官兵衛は、鎮房を神として祀ったのか。そこには驚きの理由があった。

城井鎮房は、豊前国築城・仲津・上毛の三郡にまたがる土地（二〜三万石）を支配していたが、秀吉の九州平定後、官兵衛がこの地の新領主になったので、伊予国へ移封されることになった。ところが鎮房は、「先祖の地を離れたくない」と命令を拒否したのだ。当然、秀吉の怒りを誘い、改易されてしまった。

それからまもなくして肥後国で大規模な国人一揆が勃発した。すると豊前でも黒田氏に臣従した国人の広津鎮種が叛旗を翻し、上毛郡の山田氏、如法寺氏、緒方氏、下毛郡の中間氏も同調した。この混乱に乗じた鎮房は、旧領の寒田・溝口館、大平山城などを奪還した。官兵衛の子・黒田長政は争乱を鎮めるため、鎮房を討つべきだと説いた。官兵衛が様子を見るよう諭しても長政は納得せず、二千余りの兵で城井谷へ向かってしまった。だが、地の利のある鎮房に翻弄されて敗北、退却するさい長政本人も馬を深田に踏み入れ、危うく命を落とすところだった。長政にとっては大きな汚点だった。

鎮房が勝利すると、上毛、下毛、宇佐郡の武将たちが黒田氏に叛旗を翻し、収拾がつかなくなってしまう。これを知った秀吉は、毛利輝元や小早川隆景、吉川広家を応援に遣わした。騒乱は年内に鎮圧されたが、城井氏だけがまだ反抗を続けていた。

そこで小早川隆景らが両者の講和を仲介した。その条件は、鎮房が妻を人質として黒田氏に差し出して臣従するかわりに、旧領を安堵するというものだった。両者は和解案を受け入れ、和睦が成立した。それから二カ月後、鎮房は長政に招かれ、二百の兵を率いて中津城へやってきた。このとき官兵衛は豊臣方の上使として肥後へ出かけていて留守だった。黒田の家臣となった鎮房の嫡男・朝房も官兵衛に従っていた。

長政は、鎮房のために酒宴を開くふりをして刀で切りつけて殺害し、玄関で待機していた鎮房の家臣たちの誅殺を命じた。多くがその場で討ち取られたが、かろうじて逃れた者たちは合元寺へ立てこもって激しく抵抗したのち、全滅した。長政はそのまま城井谷へ攻め入った。城主と嫡男がいない城は、あっけなく陥落。城井一族は中津川において磔に処された。官兵衛に同行していた城井朝房も、肥後で誅殺された。卑怯なだまし討ちであった。こうした惨い仕打ちで鎮房が怨霊と化し、黒田家に祟るのを恐れ、官兵衛は鎮魂のために城内に社を創建したのだといわれる。

官兵衛の血筋を引き継ぐ

天正十七年（一五八九）、官兵衛は豊前での統治が軌道に乗ると、息子の長政に家督を譲った。まだ官兵衛は四十四歳であった。当時としてもかなり早い。一説には、主君秀吉が官兵衛の天下簒奪を疑っていたので、その疑念を解くためだったというが、土牢に入れられ身体が不自由になっていたことも、関係しているかもしれない。だが、それからも官兵衛は、秀吉の側近として小田原平定などで抜群の知謀を見せた。

秀吉の死後、官兵衛は京都で連歌や茶を楽しむ悠々自適な生活を送っていたが、豊臣政権はギクシャクしており、慶長五年（一六〇〇）六月、家康は上杉景勝が謀反を企んでいるとして、大軍を引き連れ大坂から会津へ出立した。官兵衛の息子・長政もこれに従った。そこで官兵衛は、中津城に入り、息子の留守を守った。

家康が会津へ向かうと石田三成と大谷吉継が挙兵、さらに大老の毛利輝元が大坂城に入り込み、豊臣秀頼を手中に置き、淀殿や、長束正家ら三奉行を仲間に引き入れた。彼らは家康の言動を非難する豊臣政権の公的文書を諸大名に送達した。逆賊に転じた家康は危機に陥った。このとき家康のために大きな働きをしたのが長政だった。長政は福島正則、小早川秀秋、吉川広家など、去就に迷う大名を味方に引き入れ、次々と寝返らせていったのだ。こうした知略は、父・官兵衛の血筋を引き継いだのだろう。

結果、関ヶ原合戦は家康の大勝に終わった。

一方、中津にいた官兵衛は、徳川方の許可を得て多数の牢人たちを金銭でかり集め、加藤清正らと結んで次々と西軍方大名の城を落とし、九州を席巻する勢いを見せた。天下分け目の合戦が数カ月は続くと考え、東軍と西軍の勝ったほうと戦って自分が天下を取ろうと考えたのだというが、これは単なる巷説に過ぎず、じっさいは徳川方と連絡を密にとっての行動だった。いずれにせよ、長政の功績を高く評価した家康は、戦後の論功行賞で長政に筑前一国（五十二万三千石）を与えた。こうして黒田氏は、一気に大大名へと昇ったのである。

福岡城の縄張り

筑前国へ移った長政は、当初、歴代の領主が居城としてきた名島城に入ったが、この城は周囲の平地が狭く、城下町の発展が望めない。そこで福崎という場所に慶長六年（一六〇一）から大城郭（福岡城）をつくり始めた。ここにはかつて、鴻臚館《こうろかん》と呼ばれる朝廷の迎賓館が置かれており、近くには唐津街道も通っている。

「福岡城は東油山から赤坂山を経て北部の海岸近くまで伸びた丘陵先端部を利用して成形された。海に面するこの丘陵の先端部が「福崎」である。福崎は「福崎山」とも称されており、丘陵に連なりつつも周囲からは小高く盛り上っていたようである。福岡城はこの丘陵をうまく取りこんで普請され」（福岡市史編集委員会『新修「福岡市史」……特別編　福岡城―築城から現代まで―』福岡市）たのである。

内郭（主郭部）の規模は東西一キロメートル、南北七百メートル、面積約四十一万平方メートル（国史跡指定地の面積は約四十八万平方メートル）に及ぶ広大な城であった。本丸の三方に三つの二の丸（二の丸、東二の丸、南二の丸）が配置され、さらに三の丸が本丸と二の丸を囲む形状になっている。鶴が翼を広げて羽ばたく姿に似ていることから舞鶴城とも呼ばれるようになった。

主郭部の周囲は深い堀に囲まれているが、とくに城の西側は入江の湿地帯を広大な堀（幅五十メートルの大濠）に大改修して防御力を高めた。主郭部の外側には「博多湾（北）、那珂《なか》川（東）、佐賀堀（肥前堀）・中堀・三の丸（南）、入り江（西）によって囲まれた」（前掲書）外郭が広がっている。さらに、商都として発展してきた博多を含む城下町を惣構の中に取り込んでいた。

まさに日本有数の大城郭といえ、たとえ大軍が博多湾から侵入してきても、那珂川の中州に架けた橋を取り払ってしまうことで進軍を防ぐ構造になっていたし、主郭部には三箇所しか入口がなく頑強な枡形があったので、侵入するのは至難の業であった。また、もしそこを突破されても、城内に入ると四十七の櫓が林立しているので、落とすのは不可能に近い。

そんな優れた福岡城の縄張りを担当したのが官兵衛だった。藩主の長政は上方にいることが多かったので、城普請にも官兵衛が積極的に関わったようで、黒田家家臣の野口一成や益田宗清に宛てた石垣の構築を命じる書状も残っている。

天守の存在意義

ところで福岡城の天守については、大きな謎がある。福岡城には天守台、中天守、小天守と、三つの天守台が連結しているが、正保三年（一六四六）の福岡城の絵図『正保福博惣図』には、天守の建物が描かれていないのである。

このため、黒田親子は徳川家に遠慮し、天守台はつくっても、はじめから天守の建物を建てなかったのではないかといわれてきた。ところが近年、細川忠興が嫡男・忠利に送った書簡に、天守の存在を示すような表現が見つかり、その謎がいっそう深まっている。これについて学者たちがさまざまな説を主張しているが、天守を建てたとしても短期間で取り壊した可能性が指摘されるようになっている。じっさい、平和な江戸時代になると、天守の存在意義は薄れ、建物が壊れたり焼失したりすると、再建しないケースが多くなった。代表的なのは明暦の大火後、再建されなかった江戸城の天守であろう。

さて、福岡城本丸には、本丸御殿がつくられ、城主の長政はここで生活をし、政治をおこなった。しかし長政の子・忠之が藩主になると、三の丸に新たな御殿をつくってそちらで生活するようになり、本丸御殿は儀式・典礼のための場に変わった。

三の丸には家老の屋敷が置かれたので、忠之はそちらにいたほうが連絡がスムーズにいくと考えたのかもしれない。

官兵衛の最期

黒田氏は、江戸時代を通じて一度も国替えがなかったこともあり、建物の増築はおこなわれていたが、福岡城の縄張りは基本的に官兵衛時代のままであった。

関ヶ原合戦後、官兵衛は博多や太宰府天満宮に屋敷を構え、筑前と京都を往復する生活を続けていたが、福岡城三の丸に隠居所の御鷹（高）屋敷が完成すると、慶長八年（一六〇三）からここで生活するようになった。

その年の春から健康を害した官兵衛だったが、家康の呼び出しを受け、無理をして上洛した。そのため十月から体調がすぐれなくなり、十一月に有馬温泉に二週間ほど湯治に出向いている。効果があったのか、翌年になると健康を回復したが、三月に入ると急速に病状が悪化する。そこで長政は急ぎ福岡から上洛して父を見舞い、付き添って医薬を与えるなど看病にあたった。

このとき官兵衛は「私は来る二十日の辰の刻に亡くなる」と死期を予告し、「私が死んでも葬儀や仏事を盛大にしてはいけない。ただ、国を治め民を安んずることが私の願いなのだから、これを死後の孝養とせよ」と遺言したという。その言葉どおり、官兵衛は三月二十日の辰の刻に死去したのである。五十九歳だった。

福岡城は官兵衛の死後も普請や作事が続いており、完成したのは官兵衛が縄張りを決めてから七年後のことであった。

築城者

加藤清正《かとうきよまさ》

◇築城の特徴

大陸の築城技術を取り入れ、実戦経験を活かした複雑な縄張りが特徴。秀吉の元で多くの戦を経験し、城づくりに活かした。

出身地　尾張国愛智郡中村（現在の愛知県名古屋市）

生　誕　永禄5年（1562）

死　去　慶長16年（1611）／享年50歳

主な築城歴

築城内容　朝鮮への侵攻の拠点として、新たな城郭をつくりたい。

城名　**蔚山城《うるさんじょう》**

主要城主　豊臣秀吉

城の概要　築城年／慶長2年（1597）　敷地面積／惣構周囲2.7㎞、塀総延長1.8㎞、石垣総延長1.4㎞　高さ・階数／石垣13m　所在地／大韓民国蔚山広域市中区

※築城年は築城開始年。

築城内容　朝鮮出兵で学んだ技術を取り入れ、防御に特化した城。

城名　**熊本城**

主要城主　加藤清正、細川忠利

城の概要　築城年／慶長6年(1601)　城地種類／平山城　敷地面積／特別史跡熊本城跡約57.8ha　本丸御殿1570畳　53部屋　高さ･階数／大天守3重6階地下1階、小天守3重4階地下1階　所在地／熊本県熊本市

築城内容　家康の九男･義直の居城であり、大坂にいる豊臣氏をおさえるための城。

城名　**名古屋城**

主要城主　徳川義直、光友、綱誠、吉通、五郎太、継友、宗春、宗勝、宗睦、斉朝、斉温、斉荘、慶臧、慶勝、茂徳、義宜

城の概要　慶長15年(1610)　城地種類／平城　敷地面積／指定範囲約390,217㎡　高さ･階数／大天守5重7階、地下1階　所在地／愛知県名古屋市

地震による被害

熊本城は、加藤清正の手に成る天下の名城として知られている。とくに高さ二十メートルを超える石垣の曲線は、優美かつ圧巻である。忍び返し（武者返し）とも呼ばれる急勾配な法面《のりめん》は、いかなる敵をも寄せ付けない構造になっている。

じっさい、明治十年（一八七七）に西郷隆盛率いる鹿児島県士族一万三千人が熊本城を強襲したが、精強な薩摩隼人の侵入を一切許さなかった。その後も熊本城は兵糧攻めや水攻めに耐え、ついに五十三日後、鹿児島県士族たちは、城の攻略を諦めて撤退していった。まさに難攻不落の堅城である。

ところが、平成二十八年（二〇一六）四月の熊本地震によって、熊本城は甚大な被害を受けてしまった。あちこちで石垣が崩れたり、重要文化財に指定された建造物群が倒壊・損壊した。鉄筋の復元建造物も瓦が落ちたり、下部の石垣が崩落したりした。被害総額はなんと、六三四億円にのぼるという。

熊本城の崩落した石垣や傾いた櫓は痛々しく、テレビのニュースでその姿を見て衝撃を覚えた方も少なくないだろう。

私も歴史にたずさわる者として心を痛めていたが、歴史コメンテーターの金谷《かなや》俊一《しゅんいち》郎《ろう》さんの呼びかけでチャリティー・イベントに参加、売り上げ金を熊本城に寄付させていただいた。当日は芸人の松村邦洋さん、はんにゃの金田哲さん、ロバートの山本博さん、時代考証家の山村竜也さんなど、多くの歴史関係者や歴史好き芸人が集まった。

ただ、あれから八年が過ぎたいまも、修復は二割程度しか進んでおらず、最終的に復旧工事が完了するのは二〇五二年度だという。とくに難事業が、石垣の修復である。崩れた全ての石に番号をふり、当時と同じように積み直していかなくてはならないからだ。まさに気の遠くなる作業である。

ただ、地震による熊本城の被害は、今回が初めてではない。これまで何度も被災しているのだ。というのは、熊本城が立つ丘陵には、活断層が通っているからである。なかでも寛永二年（一六二五）、寛永十年、弘化四年（一八四七）、明治二十二年（一八八九）の被害は甚大であった。明治二十二年の震災と、今回とでは、被害箇所が七十七パーセントも重複するそうだ。とはいえ熊本城は、地震のたびに復旧されており、肥後国（熊本県）の象徴として人びとに愛されてきたことがよくわかる。

秀吉子飼いの武将

熊本城を築城した加藤清正は、永禄五年（一五六二）に清忠の次男として尾張国愛智郡中村に生まれた。幼名を夜叉丸といい、幼い頃から羽柴秀吉に臣従し、元服して虎之助清正と名乗った。いわゆる秀吉子飼いの武将である。

秀吉が柴田勝家と戦った天正十一年（一五八三）の賤ヶ岳合戦で、抜群の軍功をあげて七本槍の一人に選ばれ、三千石を給された。この戦いにさいして羽柴軍は、大垣から賤ヶ岳（木之本）まで一気に引き返すのだが、清正の馬は三里走っただけで疲弊してしまう。すると清正は、甲冑を身につけたまま十里（約四十キロメートル）の道を走り抜け、仲間に遅れることなく合戦に加わり、見事、敵将の山路将監の首を取ったと伝えられる。これは清正の死後、半世紀経った伝記に載る話なので事実かどうかは不明だが、本当だとすればすさまじい体力だ。このとき清正は緊張のあまり、まるで戦場が闇夜のように感じ、無我夢中で飛びこんで槍を繰り出し、のちにそれが一番槍だと知ったという。

さて、九州を平定した秀吉は天正十五年、肥後一国を佐々成政に与えた。そこで成政は隈本城に入った。この城は今の熊本城の前身であり、すでに十四世紀から隈本の名が見える。近辺には肥後国の国府が置かれ、藤崎宮も鎮座しており、大変栄えていた。このため肥後国の守護であった菊池氏は、国府近くの茶臼山に千葉城を築かせ、家臣の出田氏を配した。ただ、その後、出田氏が力を失ったので、菊池氏は新たに鹿子木《かのこぎ》親員《ちかかず》を派遣し、同じ茶臼山に隈本城をつくらせたと伝えられる。

秀吉の九州平定のさい、この城を守っていたのは島津方の城久基だった。しかし久基は戦わずして豊臣軍に隈本城を明け渡したので、秀吉は薩摩へ進軍する途中、この城に二日間滞在し、そのさい「名城である」との感想を漏らしたという。

九州平定後、隈本城に入った成政は、強引に肥後国内の検地をおこなったため、国人（国衆）たちは反発し、秀吉の論功行賞に対する不満もあって、激しい一揆が発生、手がつけられない状況となった。そこで秀吉は、九州や四国の諸大名を大動員して一揆を覆滅した。その後、成政は切腹を命じられ、代わって清正が戦いの褒賞として肥後半国（北部）を与えられたのである。それまで大名ですらなかった武将が、十九万五千石を支配する大身になったわけだ。しかも清正はまだ二十七歳の青年であった。本人も、一躍成り上がって驚いたことだろう。なお、肥後の南部を拝領したのは小西行長であった。堺の商人出身で、その才知を秀吉に見いだされた人物だ。

秀吉から築城術を習う

翌天正十六年（一五八八）、肥後に入国した清正は、天正十八年頃から隈本城を大規模な石垣づくりの城に変えていった。石垣、礎石建物、瓦屋根、天守などを有する、いわゆる織豊系城郭への大改造・大拡張である。

ところで清正は、いつ誰に城づくりを学んだのだろう。

やはり師匠は、数々の名城をつくってきた秀吉だとするのが一致した見解である。もちろん、手取り足取り築城術を教わったわけではなく、主君の城づくりを間近で観察したり、城の縄張りや普請・作事を手伝うなかで、おのずと習得したのだろう。

ただ、その技術に一層磨きをかけたのが、朝鮮出兵での居城や陣城の構築だったと考えられている。朝鮮出兵とは、秀吉が朝鮮や明を征服するために始めた対外侵略戦争のこと。天下を平定する前から秀吉は、明を服属させると公言していた。そして、攻略戦の拠点として、九州の肥前に壮大な名護屋城をつくり始めた。築城の開始は天正十八年とも十九年ともいわれているが、清正も普請奉行の一人として城づくりにあたっている。

天正二十年四月、いよいよ秀吉は国内における前線基地・名護屋城へ入った。渡海する日本軍は、九つの軍団に編成された。一番隊は小西行長、宗義智《そうよしとし》、松浦鎮信《まつらしげのぶ》ら率いる一万八千七百名。二番隊は、加藤清正、鍋島直茂率いる二万二千八百名。そのほかあわせて十五万八千八百名。さらに秀吉は、諸大名に名護屋城へ参陣するよう命じ、総数は二十八万人におよんだ。

秀吉は当初、朝鮮政府に対し明征伐の先導を命じたが、朝鮮が拒絶したため、まずは半島を制圧することにしたのだ。こうして天正二十年（同年改元し文禄となる）から始まった戦いを文禄の役という。二番隊を率いる清正は、釜山から破竹の勢いで北上して京城を占拠し、さらに一時は豆満江を越えて満州のオランカイまで入り込んで女真族と戦った。その後、晋州城を陥落させるなど大いに活躍するが、戦いは全体として膠着状態に陥った。朝鮮水軍が日本海の制海権を奪い、明の大軍が半島に押し寄せてきたからだ。

やがて清正は、講和派の小西行長や石田三成と対立、彼らの讒言により秀吉の怒りを買い、慶長元年（一五九六）に召喚されて伏見に蟄居《ちっきょ》（武士に科した刑罰の一つ。自宅の一室に閉じ込めて謹慎させる）することになった。けれどまもなく、京都一帯に大地震が発生。すると清正は、謹慎の身でありながら、心配のあまり秀吉のもとに一番に馳せ参じたので、その忠節を認めて秀吉は清正を赦免したと伝えられる。

日本人が朝鮮につくった城

その後、朝鮮へ出征した武将のあいだで厭戦《えんせん》気分が広まり、現地で停戦が成立、明の使者が日本を訪れ、和平交渉が始まった。しかしすぐに決裂、慶長二年（一五九七）から秀吉は、再び諸将に朝鮮への渡海を命じた。十四万人を数える日本軍は、左軍と右軍に分かれて北上を始めた。清正は右軍の先鋒となって朝鮮軍が守る黄石山城を囲んで陥落させ、さらに進軍していった。だが秋が近づくと、戦いは膠着状態になった。朝鮮はまもなく厳冬期を迎える。そこで日本軍は、越冬の拠点になる城郭群の築造を急ぐようになった。

朝鮮出兵時に日本人によってつくられた城を倭城と呼ぶ。朝鮮南部を中心に現在判明しているだけで約三十ほど構築されたといわれる。ほとんどが海沿いに設けられたのは、兵や食糧を日本列島から海路で補給する必要があったからである。港（川湊を持つ倭城もいくつか存在）の付帯が必要条件だったからだ。

文禄の役のさい、倭城はすでに十八城ほどつくられていたが、清正も西生浦《せいせいぽ（ソセンポ）》城を構築していた。いまも良い状態で遺構が残存しているということだったので、数年前、私はじっさいに現地を訪ねてみた。釜山駅から釜田駅まで行き、そこから西生浦城の最寄りである南倉駅へ向かった。電車は一時間に一本しかなかったが、車窓からは風光明媚な山や海を楽しむことができる。ただ、南倉駅についてから弱ってしまった。駅から城まで車で十五分かかるのだが、バスやタクシーが来ないのだ。いまならアプリで呼ぶことができるが、当時はそんなシステムもなかった。それを見かねたのか、駅員がタクシーを呼んでくれた。

車で走ること十五分。最後は山がちな田園地帯を抜け、高台でとまった。野菜畑の広がるのどかな場所であったが、車を下りた瞬間、見事な日本式の石垣がずっと上へと続いているのに驚いた。城郭研究家の中井均氏によると「倭城は港湾背後の山頂に築かれていることが共通する特徴」（中井均著『秀吉と家臣団の城』角川選書）で、「山頂部に主要部を構え、さらに港湾確保を一体化するために、山頂部より港湾に向かって長大な登り石垣（竪石垣）が二本延び、両腕で抱え込むように港湾を守っている」（前掲書）とあるが、その言葉どおりの光景が目の前に広がっていたのである。

ただ、ここはまだ城の端であることが、入口の看板（地図）を見て理解できた。西生浦城は縦に細長い城で、本丸まではこの場所から石垣に沿って進み、それからさらに山道をかなり登らなくてはならない。

標高二百メートルだというが、主郭部にはタクシーを降りた地点から急な山道を二十分ほど上がっていく必要があった。途中で立派な虎口、曲輪などが次々と現れる。とくに見事なのは、山頂部、本丸周辺の石垣であった。天守台の高さは、六メートルぐらいにはなるだろう。いずれも石垣は、加工が施された打込接の乱積みでかなり間詰石が多い印象を受けた。井戸跡もあった。それにしても短期間でこれだけの大規模な城をつくるのに、いったいどれほどの労力が投入されたのだろうか。

本丸から眼下を見下ろすと、かつて三の丸だった地域に町並みが広がり、その先に美しい日本海が大きく広がっていた。いま本丸一帯は桜の名所になっており、春になると、九州から大勢の日本人が見物に来るという。

城づくりに駆り出された人員

さて、話を慶長の役に戻そう。

いよいよ冬が来るということで、慶長二年（一五九七）十月半ばより、日本軍は蔚山に城を築き始めた。築城は加藤清正、浅野幸長《よしなが》、毛利秀元らの部隊が中心となり、約一万六千人が昼夜敢行で作業にあたった。日本から連れてきた石工や大工などの職人だけでなく、水軍の船員、鉄砲衆、国内から連れてきた人足まで駆り出したといわれている。倭城の築城には「朝鮮・明の捕虜や民衆を使役した記録は認められない」（前掲書）という。確かに史料にはないかもしれないが、短期間にこれだけの城を構築するためには、石や木材の運搬に付近の住民や捕虜を駆り出した可能性は十分あると思われた。

完成後、蔚山城には守将として清正が入ることが決まった。蔚山は、新羅の都として発展した慶州と、日本軍の上陸拠点である釜山の中間地点にあった。しかも低地が広がるなかで、この蔚山だけが独立した丘陵（標高約五十メートル）を成していた。近くを流れる太和江は日本海に注いでおり、沿岸部から舟でこの城まで到達することができた。慶尚道をおさえるにふさわしい要害の地だった。

私は西生浦城に続いて、蔚山城も訪れてみた。西生浦城から車で四十分ほどの距離だったが、西生浦城ののどかな地域と異なり、近代的なビルが建ち並ぶ繁華街だった。いまの蔚山城跡は庶民憩いの公園になってしまっており、城内には健康器具がたくさん設置されている。ところどころに石垣がなければ、城であることはわからない。公園内は、戦国の昔、日本軍と明・朝鮮の連合軍が激しくぶつかりあい、数千の人びとが命を落としたとは思えぬ静けさであった。

降伏を勧告する使者

明軍は蔚山に日本軍が築城を始めたと知ると、城を落として清正を殺すか生け捕りにしようと考えた。明の諸将は、日本最大の主戦派は清正だと認識しており、この男が死ねば敵の士気をくじくことができると確信していた。

明軍のトップ・軍務経略（辺境に配された軍事を司る長官）の邢玠《けいかい》は、軍務経理（朝鮮における明軍の総司令官）の楊鎬《ようこう》と総兵（提督）の麻貴に兵五万七千（異説あり）を与えて蔚山城へ向かわせた。このおり、都元帥・権慄率いる朝鮮軍一万二千も加わった。

明・朝鮮連合軍は、十二月二十一日夜に蔚山の北方に着陣、楊登山ら率いる先鋒隊一千が二十二日未明から蔚山城外西に陣を敷く毛利秀元の軍勢に攻めかかった。

敵の急襲に驚いた浅野幸長、太田一吉《おおたかずよし》、宍戸元続《ししどもとつぐ》らは蔚山城内に籠もったが、兵は総勢でわずか二千（諸説あり）。しかもこのとき清正は、三十キロ南にある西生浦城にいて留守だった。

ただ、状況を知ると、清正は三十数倍の敵だと知りながら、僅かな供を連れて西生浦から舟で蔚山へ向かい、十二月二十二日に蔚山城へ入ったのである。

蔚山城は未完成で、堀も掘られていない箇所がいくつも存在した。だから敵兵は本丸、二の丸、三の丸まで殺到、石垣へ取りついて乱入しようとした。対して日本軍は石垣上から激しく鉄砲を放って敵の侵入を防いだものの、急な敵襲ゆえ食糧の蓄えは皆無。さらに致命的だったのは、まだ井戸が掘られていなかったことだ。この状況では、城は数日しか持ちこたえられない。じっさい、連日の波状攻撃で城内の士気は低下し、敵に投降する兵も現われた。戦闘開始から二日後には城兵は飢え始めた。悲惨だったのは渇きを癒やせないことで、城兵はもだえ苦しみながら次々と斃《たお》れていった。

ところが二十五日になると、雨が降り出したのである。喜んだ城兵は服を濡らし、それをしぼって口に入れて水分を補給した。が、恵の雨は数日間経っても止む気配を見せず、城内は水浸しになり、飢えと寒さのため、今度は凍死する者が続出した。空腹のあまり、死馬を食らい、紙を食べる兵も現われた。城外へ忍び出て敵の遺体から食糧をまさぐり、死肉を食らう悲惨な地獄絵が現出した。

一方、明・朝鮮連合軍のほうでも、寒気と雨のために体調を崩す者が続出、包囲を続けるのが厳しくなった。そこで楊鎬は、蔚山城に降伏を勧告する使者を派遣した。遣わされたのは沙也可《さやか》という降倭《こうわ》（明・朝鮮に降《くだ》った日本の武士）。本名を岡本越後守《おかもとえちごのかみ》といい、なんと、清正の元家臣であった。沙也可は城内で清正と会い、「蔚山城を明け渡せば、城兵の命は助け、明の皇帝に奏上して清正に官職を与える」と約束した。城内では援軍に期待した浅野幸長が開城に反対をとなえたが、清正は二十九日に提案を受け入れ、城外で開城交渉をおこなうと返答した。こうして四日後の翌年正月三日に楊鎬と清正が相まみえることに決まった。

十二月三十日、ついに日本軍の矢弾が尽きた。しかしこのとき、毛利吉成、毛利秀元、黒田長政らの軍勢が西生浦城周辺に集結しつつあった。翌日の慶長三年（一五九八）正月元日、それを知った清正は、ただちに明側に交渉の延期を通告した。

違約に激怒した軍務経理の楊鎬は、自ら指揮をとり蔚山城に総攻撃を加えた。まさに絶体絶命のピンチとなった。このおり清正は、西生浦城に使者を派遣し、「蔚山城の救援が間に合わなかったら、われわれは成すべきことを知っている。心配するな」

と伝えたという。清正には討ち死にする覚悟ができていたのだろう。

だが、正月二日に西生浦城の日本軍一万三千が来援、蔚山の南に位置する高台に陣取った。驚いた明・朝鮮連合軍はがむしゃらに蔚山城を攻め立てて落とそうとしたが、味方の到着を見て城兵は奮い立ち、守りを堅くした。やがて毛利秀元率いる援軍が明・朝鮮軍の背後から近付くと、動揺した明・朝鮮軍は城の包囲を解いて退却を始めた。このとき清正が城から出て敵を猛追したので、挟撃された明・朝鮮軍は大混乱に陥って瓦解し、一万人を超える犠牲が出たといわれる。

戦後、日本の諸将は蔚山城の破却など戦線の縮小を秀吉に打診したが、秀吉は許さなかった。しかし、そんな秀吉が同年八月に没すると、徳川家康ら豊臣政権の首脳部は半島からの撤退を決め、六年に及んだ朝鮮出兵は終わりを告げた。

築城技術の向上

この戦いは日本側にとって得るものがない不毛な長期戦であったが、城郭の発展には大いに役に立った。日本各地の大名たちが倭城を協力してつくり上げたが、これによって築城技術が諸大名のあいだで平準化されるとともに向上したからである。

倭城は、朝鮮や明の城郭の影響は受けなかったが、彼らと戦うなかで、おのずと城の防衛力が増強されていった。中井均氏によれば、「倭城では虎口内部に進入すると曲輪の塁線から曲輪内に向けて直角方向に石塁が突出して、曲輪内部を仕切っている」（前掲書）、そうすることで「曲輪内部を迷路化」（前掲書）し、防御力を高めているのだという。こうした構造は「築城当初のものではなく、軍事的緊張状況の下で、改修して設けられた」（前掲書）といい、清正の「西生浦倭城では少なくとも三度にわたる石垣の増改築が確認できる」（前掲書）そうだ。

また、総石垣づくりが主流になって用いられなくなった竪堀や横堀が、石垣とともに取り入れられていることも倭城の大きな特色だと中井氏は説く。このように、朝鮮出兵という苦しい長期戦を生き抜くうえで、大名たちは城にさまざまな創意工夫をこらし、防御力を強化していったわけだ。

その成果は、熊本城に活用されることになった。城内に百二十以上もの井戸があるのは、蔚山城での水不足の体験があったからだといわれている。また、倭城に朝鮮・明の技術的影響はなかったというが、瓦については別であった。私も西生浦城の本丸跡で多くの瓦が散らばっているのを見た。ちなみに織豊系城郭の特徴の一つは前述のとおり、「瓦」の使用であった。信長や秀吉の項目で金箔瓦について述べたが、倭城には「滴水瓦《てきすいがわら》」が使われたケースが多い。これは、逆三角形をした軒平瓦で、花弁のような形状に可憐な飛雲模様が刻まれているものが多い。もともと朝鮮で製造されていた瓦であった。それが朝鮮出兵後になると、日本の城でも滴水瓦が用いられるようになったのである。熊本城もその一つであった。清正は朝鮮の瓦を船に詰め込んで持ち帰っただけでなく、瓦職人を連れ帰ったと伝えられ、熊本には先祖が朝鮮の瓦職人だとする福田氏のような瓦師が現在も活躍している。

秀吉の死後、清正は自分を讒訴《ざんそ》した五奉行の石田三成と激しく対立、ほかの六将（福島正則、池田輝政、細川忠興、浅野幸長、加藤嘉明、黒田長政）を誘って三成を失脚に追い込んだ。慶長五年（一六〇〇）、天下分け目の合戦が近づくと、家康は清正に使者を遣して自分（東軍）に味方するよう求めた。これに応じた清正は、黒田官兵衛と連携して西軍方の武将の領地へ攻め入った。九月、関ヶ原の地で天下分け目の合戦に決着が付いたが、清正はその後も西軍方の宇土城（小西行長の居城）を陥落させ、立花宗茂の柳川城を開城させ、さらに薩摩の島津氏を攻めるため水俣に陣を敷いた。こうした活躍により、戦後は家康から旧小西領を加増され、清正は肥後一国五十四万石（球磨・天草郡を除く）を支配する大大名になったのである。

広大な城を築く

先述のとおり、清正は天正十八年（一五九〇）あたりから隈本城を総石垣づくりの織豊系城郭に改変し天守や御殿をつくり始めたが、完成前に朝鮮出兵が始まり、長い戦いを強いられたことで、国元での城の改修事業は停滞してしまったと思われる。

帰国した清正は、隈本城と同じ茶臼山に新たに大城郭を築くことにした。それが現在の熊本城である。『続撰清正記』（死後約半世紀後の清正の伝記）によれば、慶長六年（一六〇一）に清正は国元肥後に入り、隈本城の周囲を歩いて検分したうえで、「四方の要害、宜しからずして、國主の居るべき城ならず」と述べ、茶臼山を新たな城地と決め、自ら縄張りをして同年八月に鍬《くわ》初めをおこない、比類なき広大な城をつくり始めたとある。ちなみに「隈本」という地名は、慶長十二年（一六〇七）に「熊本」と改められた。おおむねこの頃、城は普請を終えたようだ。

熊本城の縄張りだが、茶臼山台地の男山（最も高い地）を削平して本丸に定め、その東半分を帯状に東竹の丸が取り囲む形状にした。対して本丸の西側には平左衛門丸、数寄屋丸、飯田丸という三つの曲輪を北から順番に構築していった。また、東竹の丸と飯田丸の南側を抱き囲むように、竹の丸が配置された。さらに平左衛門丸の西側に西出丸、その下（南）に奉行丸がつくられた。そして、西出丸と奉行丸の西側には巨大な空堀がうがたれ、対岸には二の丸、さらにその外側に三の丸が配置されたのだった。二の丸や三の丸には重臣層の屋敷が多く置かれた。

ところで、平左衛門《へいざえもん》丸とは変わった名称だが、清正の重臣である加藤平左衛門のことである。清正の死後、平左衛門は幼い主君・忠広（清正の子）のもとで熊本留守居役として藩政の一端を担った。飯田丸も飯田《いいだ》覚兵衛《かくべえ》直景《なおかげ》に由来する曲輪である。覚兵衛は清正の幼なじみで、槍に優れた武人で、主君清正の栄達を支え続けた人物。築城など土木技術にも長けており、熊本城の築城にも大いに力を発揮した。覚兵衛は平成十七年（二〇〇五）に復元された飯田丸五階櫓（現在は震災のため解体）を建てたと伝えられる。そんな飯田丸五階櫓と数寄屋丸五階櫓を南北につないでいたのが百間櫓と呼ぶ長い櫓だったが、これを設けたのも覚兵衛だった。また、城の北方を守るため、二の丸に百間（約百八十メートル）石垣が築かれたが、これもまた覚兵衛が建造したという。

ちなみに加藤家が改易されたあと、寛永九年（一六三二）に細川忠利が城主になるが、同年に入城した忠利は「江戸城以外にこれほど大きな城は見たことがない」と驚いている。

大坂城同様、熊本城も城下町を堀や土塁で囲んだ惣構の城である。

ところで、熊本城の着工時期は関ヶ原合戦後の慶長六年（一六〇一）といわれていたが、近年は慶長四年（一五九九）から新城の建設が進められ、翌年慶長五年（一六〇〇）には望楼型の入母屋屋根の大天守（地上六階地下一階）がほぼ完成していたことがわかった。とすれば、関ヶ原合戦後に家康に敵対した薩摩の島津氏対策のために築城を始めたという通説は崩れることになる。むしろ、秀吉亡きあとの大乱に備えて新城をつくり始めたことになるわけだ。

ちなみに、大天守に小天守（地上四階地下一階）が連結されるのは清正の死後（息子の忠広時代）のことである。わずか数年の差であるが、大天守と小天守の石積にはかなりの違いが見られるのが興味深い。「大天守の石垣は、角石は立方体で重箱のように重ねている。築石《つきいし》は形の整わない石を使うため、目地が乱れて通らない。勾配は根元がゆるやかで、石垣の中ほどから大きく反り上がる独特の形である」（熊本出版制作『天守閣完全復旧記念　熊本城天守閣常設展示図録』熊本市／熊本日日新聞社）。これを俗に「清正流石垣」と呼ぶ。一方、慶長十七年（一六一二）以降と推定される「小天守の石垣は、角石に長方体の石材の長短を交互に積み上げた「算木積み」である。築石は四角に加工した石を使用するため、横に目地が通る。勾配は根元から急角度で少しずつ反り返るのが特徴である」（前掲書）

なお、熊本城の石垣は清正時代のものと、細川時代のそれが入り乱れており、石の形状を比較して城内を巡るのも楽しい。石垣の石が不揃いなところは清正時代のもので、石垣の勾配も扇を広げたようにゆるやかになっているので区別がつくはず。

ボロボロの城

清正の時代はもう城主は天守に住まず、熊本城の大天守も食糧庫や武器庫として使用されていたといわれる。地下一階は塩や食糧が貯蔵され、一階から三階までは武器が保管されていたことが判明している。ただ、熊本城の高層建物は、この大天守だけではなかった。なんと熊本城には、他の城では大天守に匹敵するような五階の望楼が五つ（宇土櫓《うとやぐら》、数寄屋丸五階櫓、西竹の丸五階櫓、飯田丸五階櫓、御裏五階櫓）もそびえ立っていたのである。残念ながら現存するのは宇土櫓のみであるが、ただ、先述のとおり平成十七年（二〇〇五）に飯田丸五階櫓が木造で忠実に復元された。

さらに五階櫓以外にも三階建の櫓が、天守を取り巻くようにいくつも林立していた。当時の主郭部は、難攻不落の偉容を誇っていた。きっと朝鮮出兵での攻城戦や蔚山城での籠城戦の影響もあって、極限まで防御性を高めた堅城を構築したのだろう。ただ、攻撃にはビクともしない熊本城も、自然災害にはかなわなかった。細川忠利が熊本城に入城した後の寛永十年（一六三三）にも、城は大地震で大きな被害を受け、しばらく余震が頻発した。

本丸は高石垣で周囲を囲み、天守や櫓が建ち並ぶ頑強な構造であったが、地震には弱く、「揺れるたびに石垣が崩れてきて、本丸には広い庭がないので、危なくてここには居られない」という手紙を忠利が書くほどだった。

じつは忠利が入城する数年前の寛永二年（一六二五）にも、熊本城は大地震に見舞われていた。このときは硝煙櫓が爆発して被害も相当大きかったが、加藤家が財政難だったため、まだ修復が進んでおらず、さらにまた地震被災したことで、酷く痛手を受けたようで、忠利は「こんなボロボロの城は見たこともない」と愚痴っている。本丸を修理している間、忠利は庭付きの花畑屋敷に移った。この屋敷は清正が城下につくった別邸で、娯楽のために設置したもの。忠利はどうやら熊本城本丸が気に入らなかったようで、寛永十三年（一六三六）には花畑屋敷の敷地に新たな御殿をつくってここで生活するようになった。

なお、その後も熊本城は、地震や大雨などで何度も被害を受けた。明治になるまで石垣だけで二十三回の修築がおこなわれているが、そのうち半数が自然災害による被害の修復だったとされる。被災したのは天守や櫓、門などの建物も同様だった。平和な時代にこの巨城を維持していくことは熊本藩（細川氏）にとって一苦労だったろう。

清正は熊本城の城下町も整備していった。熊本城の周囲には三本の川が流れ、外堀の役目を果たしていたが、大きく蛇行していた白川の流れを直線的に修正して洪水を防ぎ、川によって分断されていた城下町を一つにした。さらに城下町の城の至近には武家地をもうけて中下級武士の屋敷を配置、多くの寺院を招聘して武家地の端に寺を配した。城下が戦場になったとき、寺院の境内を防御や休養の拠点にするためである。城下の南には大規模な町人地を整備した。また、城下町の札の辻という場所は「周辺の重要街道すべての起点」（稲葉継陽監修『図説　日本の城と城下町⑨　熊本城』創えられている。

元社）になっており、「熊本城で街道を集約して交通を管理」（前掲書）していたと考

知識とこだわりが詰まった築城

慶長八年（一六〇三）に家康は江戸に幕府を開くが、二年後に息子の秀忠に将軍職を譲り、徳川の天下が続くことを誇示した。その翌年の慶長十一年（一六〇六）、家康は江戸城を大増築するため西国の諸大名に天下普請（全国の諸大名に大規模な土木工事を請け負わせる）を命じた。もちろん清正もその中に含まれていた。清正は「桜田門付近石垣・西丸大手門橋内石垣を担当することとなり、その奉行に森本儀太夫があたることとなった。清正は伊豆網代《あじろ》（現静岡県）に石場を設け、石積船で運搬して普請した」が、「石垣を築くに際し、森本儀太夫は築く場所が沼地であったので、まず武蔵野《むさしの》の萱《かや》を刈りて敷き込み、上に子供を遊ばせて固めた上に石垣を築く方法で、堅牢な土台をもつ石垣を造った」（新熊本市史編纂委員会編『新熊本市史　通史編第三巻　近世Ⅰ』熊本市）という。

ただ、森本に石垣普請を丸投げしたわけではなく、清正本人も関わっていたようで、

手紙で家臣に次のような指示を出している。

「8日に届いた石の数が少なく、指示とは違う加工を施してあり、驚いている。指示伝達役の五郎左衛門尉は何をやっているのか。別の者を遣わしたので彼らに石の数や形を確認させた上で送れ」(熊日情報文化センター制作『加藤清正の生涯―古文書が語る実像』熊本日日新聞社)

「(石垣の角に置く)大きい角石《すみいし》はあと5つあれば事足りる。今後は小さくても長さがあるものを送れ。石垣がだんだん積み上がってくると、小さな石の方が都合がよい。ただし、小さくても熊本の時ほどの小ささでは役に立たない」(前掲書)

「角石さえ届けば、他の大名に追いつき、先に完成させることができる。こないだ届いた石のうち「勝兵へ」と名書のある角石がちょうどよい大きさなので、同じ大きさのものを送れ」(前掲書)

大浪和弥氏は、これらの書簡は清正が「『築城の名手』という言い伝えを裏付け、清正が築城に関して相当な知識とこだわりを持っていたことが分かる」「これほど細かい指示を出せたのは、自分自身が築城技術や知識を持ち、現場を十分に把握していたからだと思われる。石のサイズや形までこだわって指示を出していた大名は、あまりいないだろう」（前掲書）と高く評価しているが、まさにそのとおりだろう。清正は慶長十一年（一六〇六）から駿府城の手伝い普請も命じられ、とても見事な工事をしたので家康の側近・本多正純から賞された。

　続いて慶長十六年（一六一一）に名古屋城の普請を担当した。「清正はみずから申し出て御本丸殿の大小の石垣・土台を普請することとし、御築惣大将を命ぜられた」（新熊本市史編纂委員会編『新熊本市史　通史編　第三巻　近世Ⅰ』熊本市）。このとき清正は、万松寺に滞在して作業に励み、あるとき大きな角石を五、六千の人数で名古屋城に運んだという。

『続撰清正記』によれば、巨石を毛氈で包み、青い大綱でからげ、容貌美麗な小姓たちを着飾らせて石の上に並ばせ、清正自身も片鎌の槍を持って立ち、大音声で木遣りを謡したとある。綱を引く家臣たちにも華麗な服装をさせた。このため見物人が殺到した。そんな群衆を目当てに清洲の商人たちが道ばたで酒や肴、餅や菓子を売り始めたが、清正はそれらを全て相手の言い値で買い取り、沿道の人びとに与えた。しかも酒は何杯飲んでもかまわないと告げたそうだ。人びとは大喜びして踊り歌いながら綱に取り付いて一緒に大石を運んだという。これが史実かどうかはわからないが、いまも名古屋には、その伝承が残っているうえ、名古屋城二の丸には「加藤清正石曳きの像」が立っている。また、本丸東二の門の枡形石垣に「清正石」と呼ばれる巨石があり、これが例の石曳きの石だといわれている。が、この石垣を担当したのは黒田長政なので、おそらく誤った伝承だと思われる。

清正の発病から死去

清正はこの年、慶長十六年（一六一一）に五十歳で急死する。毒殺されそうになった秀頼の身代わりになったとか、家康に警戒されて暗殺されたという説がある。

清正は幕府が開かれたあとも、豊臣秀頼を主君と仰ぎ忠義を尽くしていた。たとえば江戸に参勤するさい、西南諸藩の大名たちは大坂湾に着岸しても、そのまま家康のいる駿府や江戸へ出向いたが、清正は大坂に逗留して秀頼のご機嫌伺いをしてから江戸へ向かった。慶長十六年（一六一一）三月、久しぶりに二条城で家康と秀頼が対面した。このおり清正は、大坂城から秀頼に付き添い、対面時も側にひかえていた。会見場で秀頼にまんじゅうが振る舞われたが、毒入りだと察知した清正が死ぬのを覚悟で秀頼の代わりに食べたという伝承がある。ただ、会見から三カ月経ってからの死なので、あまりに毒の効き目が遅い。遅効性だという説もあるが、これもにわかに信じがたい。

そもそも、大坂から秀頼に付き添ったのも、会見の場にいたのも、家康が了解したうえでのことであった。清正の娘は家康の子・頼宣（後の紀伊藩主）と婚約しており、この頼宣（当時十歳）と兄の義直が秀頼の送迎役を仰せつかっていたので、清正は義直の舅である浅野幸長とともに、頼宣と義直に付き添ったというのがじっさいのところらしい。

また、「清正が会見に同席を許されたのは、豊臣・徳川両家を仲介する役割を強く期待されてのことで」（熊日情報文化センター制作『加藤清正の生涯　古文書が語る実像』熊本日日新聞社）あり、「豊臣家の復権が難しい状況の中、清正は両家を融和させ、豊臣家を存続させるための落としどころを探っていたのだろう」（前掲書）といわれている。

また前掲書によれば、清正は会見の翌月（四月）九日に茶会を催し、二十二日には能を鑑賞している。そして五月二日に大坂を出発し、同十五日には国元に戻った。つまり、このときまでは元気だったわけだ。それが二十七日になって熊本城の大広間で病を発し、治療の甲斐なくおよそ一月後の六月二十四日に死去した。確かに五十歳という若さを考えると、発病から死去までがかなり早い。そうすると熊本で毒を盛られた可能性もあるが、『當代記』には、死因は梅毒の悪化だと記されている。比較的信用性の高い史料で、そこには「清正は大変な好色ゆえ虚の病となり、浅野幸長同様、唐瘡（梅毒）によって亡くなった」とある。

いずれにせよ、清正の息子の忠広はわずか十一歳、家康は家督相続を認めたが、一国を支配するのは困難であり、重臣たちの集団指導体制がとられたものの、結局、御家騒動が勃発して後に改易処分になってしまった。その後、肥後一国の国主として熊本城に入ってきたのは、前述のとおり、細川忠利であった。そして細川家は、一度の国替えもなく、幕末までこの城を拠点とし続けたのである。

加藤清正の築いた堅城

さて、その後の熊本城について語りたい。

熊本藩が廃止されるのは明治四年（一八七一）だが、前年に知藩事（旧藩主）細川護久が熊本城は無用の長物だとして新政府に解体を申請した。新政府が許可すると、熊本藩では解体前の同年冬から三カ月間だけ領民に城を一般公開した。画期的なことであった。ただ、護久の兄で前知藩事の細川韶邦が城の取り壊しに反対したこともあって解体作業は凍結され、そのまま数カ月後（翌年七月）に廃藩置県となり、熊本藩は消滅した。新政府は熊本城を接収し、同明治四年八月に鎮台（新政府の軍隊）を置いた。

明治十年（一八七七）二月、西郷隆盛は新政府に叛旗を翻し、大軍を引き連れて熊本方面へ進んだ。別府晋介率いる先発隊が川尻で新政府軍を蹴散らし、これを追撃するかたちで熊本城下に入り込み、その後、続々と西郷軍が襲来、新政府軍の鎮台が置かれた熊本城に激しい攻撃をくわえ始めた。これを聞いた高知県（土佐）の板垣退助は、「西郷が熊本城を囲んだのは失敗である。この城は清正の築いた堅城ゆえ、簡単に落とすことはできまい。西郷軍の精鋭は、攻城戦で尽き果ててしまうだろう」と嘆いたという。板垣は戊辰戦争で天才的な指揮ぶりをみせており、その戦略眼は確かであった。まさしく板垣のいうとおり、熊本城を包囲したのは失敗だった。新政府の鎮台兵の戦闘意欲は乏しかったので、熊本城には小部隊を警戒につけ、西郷は主力を率いてそのまま東上すべきだった。ただ、西郷軍からしてみれば、天下の堅城を一気に落として味方の志気を高めたかったのかもしれない。

西郷方の桐野利秋《きりのとしあき》は「相手は農民兵、たとえ百万いても怖くない。熊本城など一蹴して奪取できる」と豪語していた。いかに見くびっていたかがわかる。また、篠原国幹《しのはらくにもと》も「兵力の半分を失っても、熊本城をとらねばならない」と主張した。篠原は攻略の大変さを認識していたようだが、それでも熊本城を奪うことが戦いの勝敗を決めると考えていたのだ。もちろん熊本城攻撃を軽挙だといさめる声もあったが、結局、西郷は総力をかけた攻城戦を決定した。

いっぽう、熊本鎮台の司令長官である谷干城《たにたてき》は、徹底した籠城を覚悟した。天下の名城を楯とし、三千三百名の兵（県職員、警察官などを含む）を一歩も城外へ出さずに抗戦させたのだ。新政府軍が戦闘力や戦意において西郷軍に劣っていることを知っていたからだろう。

西南戦争における熊本城下

西郷軍が襲来する直前の二月十九日、突如、熊本城の天守が炎上した。四時間後に天守は焼け落ち、城外からその様子を眺めた熊本の人びとは涙したという。このおり本丸御殿なども類焼してしまっている。なぜ天守で火事が発生したのかは、判然としていない。失火説、西郷軍のスパイが入り込んで放火したという説、熊本鎮台司令長官の谷干城が兵に籠城を覚悟させるために焼いたという説などがある。

二月二十二日未明から西郷軍の先発隊による熊本城攻撃が始まった。砲隊の到着を待たずに、鹿児島県士族たちは、勢いにまかせて城に殺到した。これを見た新政府の鎮台兵は、各所に設置してある大砲から激しい砲撃をくわえた。

二日におよぶ総攻撃によっても、西郷軍は城郭の一隅すら占拠できず、多大な兵力を消耗してしまった。ここにおいて西郷軍は攻撃をやめ、軍の一部で熊本城を囲んで兵糧攻めに転じ、主力を急ぎ北上させた。というのは、新政府軍が続々と博多から上陸して熊本へ向かってきていたからだ。その後、西郷軍と新政府軍は一進一退の攻防をくり返すが、三月初旬より田原坂《たばるざか》の戦いが始まった。四月に入っても西郷軍は抵抗を続けたが、次第に火力と兵数で勝る新政府軍が優位にたち、西郷軍は兵数の消耗が激しくなった。そこで、熊本城を包囲する人数を減らすため、三月下旬から城下を流れる坪井川と井芹川の合流地点をせき止め、水をあふれさせたのだ。結果、四月に入ると、島崎地区一帯が水没してしまった。

しかし、四月中旬に黒田清隆率いる新政府の別働隊が、大回りをして熊本方面に着陣。これにより西郷軍は新政府軍に挟撃されるかたちになったので、ついに四月十五日から総撤退を始めた。西郷隆盛は包囲網を突破して鹿児島市内の城山に籠もり、最後の抵抗を見せたあと九月二十四日に二発の銃弾を受け、そばにいた別府晋介の介錯によって落命した。こうして半年間にわたる西南戦争は幕を閉じた。

ただ、西南戦争における熊本城下の痛手は大きく、九千戸が焼失し、多くの人びとが焼け出された。兵による掠奪も頻発した。

その後も明治二十二年（一八八九）に熊本城と城下町は地震による被害を受けた。しかし人びとの必死の努力によって町は蘇り、大いに発展していった。唯一残った宇土櫓は昭和二年（一九二七）に近代工法を用いて修理され、焼失した天守も昭和三十三年（一九五八）に再建が決まり、昭和三十五年（一九六〇）に竣工した。平成二十八年（二〇一六）の熊本地震で大きな被害を受けた熊本城だが、令和三年（二〇二一）に天守の復旧が完了した。まだまだ全体の修復には時間がかかるかもしれないが、必ず再び見事に蘇ることだろう。

築城者

藤堂高虎《とうどうたかとら》

◇築城の特徴

高石垣と広い堀で敵を寄せ付けず、防備に優れた城。つくりやすさにも配慮した。

出身地　近江国犬上郡藤堂村（現在の滋賀県犬上郡甲良町）

生　誕　弘治2年（1556）

死　去　寛永7年（1630）／享年75歳

主な築城歴

築城内容　安濃津城を大改修してつくった高虎の居城。

城名　**津城**

主要城主　織田信包《のぶかね》（長野信良）、富田信高、藤堂高虎

城の概要　築城年／元亀2年（1571）※、慶長16年（1611）改修　城地種類／平城　所在地／三重県津市
※築城年は安濃津城の名で開始

※築城年は築城開始年。

築城内容 徳川家康から、大坂城攻めの拠点として大改修してほしい、と依頼。

城名 **伊賀上野城**

主要城主 筒井定次、藤堂高虎

城の概要 築城年／天正13年(1585)築城、慶長16年(1611)改修　城地種類／平山城　高さ・階数／本丸高石垣約30m、天守3重3階　所在地／三重県伊賀市

築城内容 大名になってから初めて築いた自分の居城。

城名 **宇和島城**

主要城主 藤堂高虎、富田信高、伊達宗利

城の概要 築城年／慶長元年(1596)　城地種類／平山城　敷地面積／天守1階軒面積212.75㎡※　高さ・階数／天守礎石〜大棟15.72m※、天守3重3階　所在地／愛媛県宇和島市
※伊達宗利が寛文6年(1666)頃に再建した現存天守

築城内容 地盤は弱いが、来島海峡を監視し、水上交通の発展、海戦に備えるための城をつくりたい。

城名 **今治城**

主要城主 藤堂高虎、松平定房

城の概要 築城年／慶長7年(1602)　城地種類／平城(海城)　高さ・階数／天守5重6階　所在地／愛媛県今治市

主君をかえ続けて生き残る

城好きが「築城の名人」と聞いて、最初に思い浮かべるのはこの藤堂高虎だろう。高虎が手がけた城は数え切れないほどで、代表的なものとして津城、伊賀上野城、宇和島城（板島丸串城）、今治城がある。また、家康は天下普請によって次々と城をつくっていったが、篠山城、丹波亀山城、江戸城、大坂城など十七におよぶ幕府の城の縄張りや修築を高虎が担っている。城ではないが、日光東照宮も高虎の縄張りによるものだ。

こうした経緯から高虎の独特な城の設計や構造は、そのまま江戸時代の主流となっていった。私たちが今見て圧倒される壮大な高石垣や壮麗な天守、城の出入口などは、高虎の案による構造が踏襲されたものが多い。

高虎は、近江国犬上郡藤堂村で土豪の虎高の子として生まれた。子供の頃から身体が大きく、成人すると身長が約百九十センチ、体重が百十三キロになったという。元亀元年（一五七〇）、高虎は初めて浅井長政に仕えたが、同僚の山下加助ともめ、彼を殺害して同家を出奔。次に山本山城主・阿閉貞征に仕えるが、そこでもやはり家臣二人と諍《いさか》いになり二人を刺殺して同家を飛び出した。その後は小川城主の磯野員昌《いそのかずまさ》の家臣となって八十石を与えられた。

やがて員昌の家督を継いだ佐和山城主・信澄（織田信長の甥）に属したが、軍功をあげても禄が増えなかったので、信澄のもとを離れて浪人となっている。

「二君にまみえず主君のために命を捨てる」という規範は、江戸時代に成立したもの。戦国時代は下克上の世。暗愚な主君なら家臣が倒しても非難されなかったし、主家を去っても不義理とはみなされなかった。ただ、高虎は生涯に七回も主君をかえている。さすがにこれは多いが、当人は「数年間、懸命に働いても、働きぶりに気づかない主君なら主家を立ち去れ」と子孫に遺訓を残している。

信澄に続く五人目の主君・豊臣秀長（秀吉の弟）は、高虎の働きぶりを大いに評価してくれた。これに感激した高虎は数々の戦で活躍を見せ、二万石を給される重臣にまでのぼった。しかし天正十九年（一五九一）、敬愛する秀長は五十二歳で病没。そこで秀長の家督を継いだ養子の秀保を補弼《ほひつ》するが、その秀保も文禄四年（一五九五）に十七歳の若さで亡くなり同家は廃絶となった。高虎は世の無常を嘆いて出家し、高野山へ入ってしまった。そんな高虎を世に引き戻したのが、豊臣秀吉であった。

秀吉は高虎を伊予国宇和郡七万石の大名に抜擢したのだ。さらに三年後には、伊予国大洲に一万石を加増され、八万石の大名となった。そこまで厚遇したのは、高虎が優れた築城術を会得していたからだと考えられる。

家康の器を見抜く

高虎が徳川家康と接点を持ったのは、天正十四年（一五八六）のことだった。秀吉に臣従を拒んできた家康がこの年に上洛し、豊臣家の家臣になった。このおり高虎は秀吉の弟、秀長の命で、家康の京都屋敷の普請を担当した。当初は公家風の屋敷にする予定だったが、高虎は警固に難点があると考え、私費を投じて武家風の建物を築造した。家康は大変喜び、高虎に名刀を贈ったという。以後、高虎は家康と親交を重ねていった。慶長三年（一五九八）に秀吉が没すると、家康は豊臣政権の五大老でありながら、勝手に他大名と姻戚関係を結んだり、論功行賞をおこなったりした。

慶長四年（一五九九）三月、これに反発した五奉行の石田三成らは、家康が前田利家の屋敷を訪ねるさい、殺してしまおうと計画した。これを知った高虎は、路上で家康一行を待ち受け、暗殺計画を告げて家康を別の駕籠に乗せ、自分が身代わりとなって家康の輿に乗り込んだのだ。感激した家康は、高虎に下総国で三千石を賜ったという。

翌年の関ヶ原合戦で高虎は、藤堂玄蕃、渡辺市左衛門、七里勘右衛門など重臣を失う激戦を演じたこともあり、戦後の論功行賞では大幅な加増を受け、伊予国宇和郡ほか八万石から一気に伊予半国の大名に成り上がった。

高虎の築城術

高虎がどこで築城術を身に付けたのかは、はっきりしない。研究者の藤田達生氏は、「若き日の高虎は、信長や秀吉の築城に関わっている。それらを手伝いながら築城法を学び、また石垣普請の職人集団として有名な近江国坂本出身の穴太《あのう》衆などの技術者達とも関係を築きながら、腕前を鍛えていった」（藤田達生著『江戸時代の設計者──異能の武将・藤堂高虎』講談社現代新書）と推測している。また藤田氏は、同じ近江出身の建築・作庭に秀いでた小堀遠州や大工の甲良宗広、大和の大工・中井家との親交も、高虎が城づくりの巧者になったことと関係するのではないかと考えている。

高虎が最初にたずさわった城だが、これも正直よくわからない。ただ、福井健二氏がその著書『図説 日本の城郭シリーズ④ 築城の名手 藤堂高虎』（戎光祥出版）で、高虎ゆかりの城を膨大な数、紹介している。同書をひもとくと、すでに秀長を主君としていた時期から、加保城、田和城、竹田城、有子山城、大和郡山城、和歌山城、猿岡山城など、多くの城との関わりがあったようだ。が、確実に縄張りをしたとわかる「高虎の城造りの原点」（前掲書）といえる城は、赤木城であると福井氏は記す。

高虎の城の特色は、一般的には層塔型天守、枡形虎口、高石垣、犬走り、広い堀、方形（矩形）の曲輪の組み合わせ、多門櫓《たもんやぐら》の多用、海の城だといわれる。赤木城にはその特色の一部が垣間見えるのだ。

赤木城は、主君・秀長の命により、天正十七年（一五八九）頃に現在の熊野市紀和町の独立丘陵に築かれた。高虎は当時、山奉行として紀州南部で木材の切り出しを統括していたが、そのさい、この城を拠点にしたようだ。紀州は数年前に秀吉に平定されたが、土豪や宗教勢力が混在する難治の国として知られ、赤木城の築城は一揆に備える目的もあったと思われる。

赤木城には、のちに高虎が好んだ枡形虎口や犬走りが見られる。虎口というのは、防御機能を備えた城の出入口のこと。枡形とは、読んで字のごとく、お酒を飲むときなどに使う枡の形だ。敵兵が城門内へ突入すると、そこは石垣と城門に囲まれた方形の広場になっており、入り込んだら最後、石垣や門の上など三方から城兵に狙い撃ちにされてしまう。窮地を脱するには来た道を逃げ戻るか、広場を取り囲む石垣を乗り越えたり、城門を突き破って城内へ入るしかない。ただ、後者二つの選択は、ほとんど不可能だろう。このように、二つの門（入口）を組み合わせてクランク状の折れ曲がりをつくって敵の侵入を防ぐ施設、それが枡形虎口なのである。

犬走りとは、石垣の基底部と溝（堀）との間につくられた細長い平地（通路）のこと。この平地をもうけることで石垣の崩落を防ぎ、石を高く積むことができる。また、犬走りがあると、石積みと堀の掘削作業を同時におこなうことができるメリットもあった。

このように赤木城には、のちの高虎式の萌芽が見えるのだ。

先述のとおり、高虎は秀吉の直臣となり、伊予国宇和郡七万石を与えられたが、このとき、もともとあった板島丸串城（のちの宇和島城）に入っている。ただその後は大洲城へ移り、宇和島城は重臣に守らせた。高虎はこの宇和島城と大洲城を、数年かけて大改修し、城の周りに城下町を新たに造成していった。

宇和島城を建てる

宇和島城は標高七十三メートルの丘陵上に位置するが、高虎はこの城に三重三階の天守を建造した。現在も宇和島城本丸を訪れると、こぢんまりとした天守が残っている。が、残念ながらこれは高虎の作品ではない。宇和島藩主・伊達宗利（政宗の孫）が寛文六年（一六六六）頃に建てさせたものだ。現存天守は層塔型といって、仏教寺院の塔のような構造になっている。つまり、同じ形状の建物を少しずつ小さくし、三つ重ねている。じつはこの形式は、高虎が開発し、江戸時代に主流になったものなのだ。

ただ、高虎が宇和島城に建てた天守は、入母屋づくりの建物のうえに望楼を乗せる形態。これを望楼型天守と呼び、当時としては一般的な構造だった。

高虎は宇和島城に高石垣や船入を設けるなど、すでに彼特有の手法が見られる一方、後年つくった城よりずっと曲輪が小さく、数も多いうえ、城の外周も後に高虎が好む正方形ではなく五角形、なおかつ、枡形虎口はまだ見られない。そういった意味では、宇和島城は過渡期の城だといえよう。

さて、関ヶ原合戦後に伊予半国の大大名となった高虎は、慶長七年（一六〇二）から越智郡今治の海辺に新たな城を建て始め、拠点を大洲城から移している。ただ、その前年に宇和島城に天守を創建しており、そのことからも、宇和島城も慶長十三年に伊賀・伊勢に転封するまで藤堂家の重要拠点であり続けた。

関ヶ原合戦後、高虎は家康の命により、豊臣氏対策のため東海道の押さえとして大津の膳所《ぜぜ》城の縄張りをおこなった。この城は、天下人になった家康が諸大名に命じた天下普請の最初だったといわれる。

以後、家康は居城の伏見城や将軍の城・江戸城などの縄張り・大拡張工事を高虎になわせるようになった。慶長十一年（一六〇六）からスタートした江戸城の大改修では、高虎は「江戸城は天下の大城郭なので、私より詳しい築城の専門家に縄張りを命じてほしい」と何度も固辞したが、家康は「城というのは、攻められて持ちこたえ、攻めては攻めあぐねる要害であることが大切なのだ。それをよく知っているお前こそが適任なのだ」と許さなかった。家康が高虎の築城術に絶対の信頼をおいていることがよくわかる逸話だ。

ともあれ、膳所城の築城から天下普請が始まり、その翌慶長七年（一六〇二）、高虎は今治城をつくり始めた。徳川の城をつくりながらだったので、その完成は慶長十三年頃のことになったが、この今治城こそが、高虎式城郭のほぼ全てを兼ね備えた画期の城であったといえる。

今治城は、海岸沿いに主郭部（本丸や二の丸）をもうけ、船が入れる堀や船が係留できる巨大な船入を持つ海の城であった。じつは高虎は、主君が秀吉になってから水軍の将として大きな活躍をしており、家臣にも水軍関係者を多数抱えていた。だから城下に彼らを住まわせ、合戦のさいにはすぐさま水軍を出撃させることのできる城が必要だったのだ。

城全体は正方形をしており、その内側をさらに方形の曲輪と広い堀で区切り、うまく重ねたようなかたちになっている。とにかく高虎のつくった堀は広いのが特徴。今治城も幅三十間（約五十四メートル）の内堀を持つ。しかも全てが水堀で、海水を巧みに引き入れる構造になっている。また、今治城の東側には川が流れ、西南には平地が広がっている。

城の出入口は全て、二つの門をずらして経路をクランク状とし、方形の広場をつくって侵入者を抹殺できる頑強な枡形虎口であった。

本丸を取り囲む城壁（石垣）の上は、多門櫓を巡らしたり、連ねたりしたと推測されている。一般的に櫓というと、物見櫓のような形状を思い浮かべるかもしれないが、多門櫓は長櫓とも呼ばれ、いわゆる長屋形式の建物なのだ。この長細い多門櫓を石垣の上に巡らし、城門や隅櫓（二重櫓、三重櫓）と連結することで、極めて強固な防衛線を構築できる。今治城の詳しい史料は残されていないが、普請奉行として築城の中心となったのは、重臣の渡辺勘兵衛であった。そして、地元の有力者の木山六之丞が現場の指揮にあたった。

最も労力がかかる石運び

今治城は総石垣づくりで、瀬戸内海の大島や大下島などから運んできた花崗岩や大理石などを石材として用いた。勘兵衛は石を集めるため、地元の船頭たちに「大島の石を持ってくれれば、同じ重さの米を与える」という高札をたてた。そこで喜んだ船乗りが続々と船に積んで今治にやって来たが、勘兵衛は「もう石は必要なくなった」と受け取りを拒否したのである。無用の長物となった石は浜辺に遺棄されたが、なんと勘兵衛は、その石を用いて石垣を完成させたといわれる。今治城には多くの石を集めた記念に勘兵衛が飾ったという巨石（勘兵衛石）が残されている。

城普請では石を運ぶ作業が最も労力を必要とした。今治城でも多くの領民が労働に駆り出されたが、運搬のさい一体感や士気を高めるため、木山六之丞が自分の風体を即興の歌詞にし、節をつけて人びとに歌わせたという。それがもとになって、いまも木山音頭という盆踊りの歌が残っている。以下、紹介しよう。

「木山六之丞はなぜに、お色が黒い、笠がョー、小まいか横日がさすか、サノエンエノエーン、ヤートセー、笠も小まない横日もヤレさゝぬ、ホラ木山通いすりゃ、こいつにゃお色がこげる、サノエンエノエーン、ヤートセー、さてはヤレ、これから文句に、ヤレかゝる、島のヨ始めは淡路が島よ、サノエンエノエーン、ヤートセー、だたいヤレ三左は無様な、ヤレ生まれ、三つになる時、ヤレ父親ばなれ、サノエンエノエーン、ヤートセー、七つになる時、母親ばなれ、そこで三左も、相続できぬ、(以下略)」(愛媛県今治市関前諸島のホームページ)

なんともユニークな歌詞で、逆に力が抜けてしまいそうだ。

今治城の石垣は、バラバラな大きさの自然石をそのまま積み上げた野面積みで、加藤清正が築いたもののような美しい反りはないが、最大十三メートルの高さを持ち、砂地上に組み上げた石が崩落しないよう、石垣の基底部に高虎特有の犬走りがつくられた。

この高石垣を巧みに組んだのは、穴太衆だといわれる。高虎の出身、近江国の石工集団だ。もとは比叡山延暦寺など寺社の石垣を築いていたが、信長による比叡山焼き討ちのあと、仕事が激減した。ところが安土城をつくるさい信長が彼らに高い石垣をつくらせたことで、諸大名も穴太衆を雇用するようになったといわれる。高虎も穴太衆を多く抱えていた。

日本初の層塔型天守

今治城には果たして天守があったのか、なかったのか。

かつては存在しなかったという説が強かった。じっさい、高虎のつくった城には、天守台はあるが天守を建てないことも少なくない。だが、今治城には天守台すらなく、天守の存在を語る一次史料（当時の手紙、日記、公文書など）も見つかっていない。

ただ、二次史料（後世の編纂史料）の『宗国史』（藤堂氏の家譜など）や『今治諸旧記録』（郷土史料）によると、高虎は今治城の天守を家康に献上し、慶長十五年（一六一〇）頃に丹波亀山城へ移したとある。亀山城の天守を写した古写真があるが、それを見ると、五重五階の天守の形状は層塔型になっている。

それまでの天守は全て、大きな入母屋づくりの建物（二階建てもある）に望楼（立派な櫓）を乗せた望楼型天守であった。信長の安土城が嚆矢だ。これに対して層塔型天守は、前述のとおり、お寺の塔のように同じ形状の建物を順に小さくして重ねていくというつくり方をする。二階と三階は同じ形だが、三階のほうが規模は小さい。そのメリットは、同じ建物を重ねていくので、つくり方が簡単で工期が短く費用も抑えられる点にある。

ではなぜ、それ以前にこうした形状の天守がなかったのか。

それは、正方形に近い平坦な天守台をつくるのが技術的に難しかったからだという。土台が真っ平らでないと、どうしても形状が不完全だったり、ゆがんでしまったりする。その上にさらに建物を重ねていくと、傾いて倒壊する危険がある。高虎は、規格どおりの天守台を構築する技術を獲得し、これにより、層塔型天守を建設できるようになったというわけだ。以後、高虎の手がけた城はいずれも層塔型天守となり、諸大名もこれにならうようになった。ある意味、城郭建築の一大革命といえるものなのだ。

いずれにせよ、今治城には天守があり、それは日本最初の層塔型天守であったという説が、現在は有力になりつつある。正方形の天守台をつくる技術はまだなかったので、高虎は硬い岩盤の上に直接天守を建てたという説があることも、念のため、付記しておこう。

築城の天才でも骨が折れる

高虎が今治城を拠点にしたのは、わずか数年に過ぎなかった。城が完成した慶長十三年(一六〇八)、四国の伊予から伊賀・伊勢二十二万石(伊賀一国十万石、伊勢国のうち十万石、伊予国今治周辺二万石)に転封となったからだ。

この時期高虎は、篠山城や丹波亀山城など、複数の幕府(徳川)の城普請や改修に関わり、大坂の豊臣氏対策に積極的に協力していた。この転封も高虎が自ら望んだものだといわれている。家康が大坂城の豊臣秀頼と戦って不利になった場合、自分の領地に避難してもらうためだというのだ。そんな万が一のときに備えて高虎が新たに築いたのが、伊賀上野城である。

ただ、いっぽうで高虎の転封は、高虎の希望を容れたのではなく、家康自らの判断だったという説もある。伊賀の地は、木津川を下ればわずか半日で大坂に至る。豊臣秀頼と激突した場合、兵や食糧を輸送するのに最適だった。それに、徳川軍が豊臣軍と戦って敗れたさい、態勢を立て直す拠点ともなる。そのため伊賀に高虎を配し、伊賀上野城を大改修させたのだとする。

どちらが事実かわからないが、高虎は新しい領地で伊賀上野城をつくりかえるとともに、併行して伊勢国津城の大改修を開始した。津城のほうは、自分の居城である。工事は慶長十六年（一六一一）春から開始されたが、同時に二つの城を手がけるのは、築城の天才・高虎であっても骨が折れたことだろう。

家臣、領民総出で石を運ぶ

伊賀上野城は一から高虎が築いたわけではない。要害なので昔から城があり、天正十三年（一五八五）に大和国から移封した筒井定次がさらに立派な城にしていた。それに高虎が大規模な改修を加えたのである。

高虎は、筒井氏時代の本丸を西側へと大きく拡幅し、南側を大手に改変するなど、大坂の豊臣方を強く意識したつくりにした。しかも、周囲にとてつもない高石垣を巡らせた。とくに西面の石垣は当時、日本一の高さだった。家康が退避する城を想定しているので、決して陥落させてはならないと考えたのだろう。ゆえに井楼積（石垣の隅は、細石の石材を交互に組み合わせることで強度を高める積み方）と称する石積み法を駆使し、なんと三十メートルという驚くべき高さに積み上げたのである。しかも、これまでの高虎の石積み工法とは異なっていた。本丸西面の石垣を見ると、高虎の特徴であった犬走りがないのだ。石垣は、水中からそのまま立ち上がるかたちで積み上げられている。これは、高虎の努力による技術進歩の賜物だとされる。

また、野面積みの乱積み形式ではなく、石を同じような大きさで四角に整形（打込接）し、横に目地が通るように積み上げていった。こうした工法を布積みと呼ぶが、これまでの高虎の城には見られなかった特色である。

築城では大量の石が必要になるので、昼夜休みなく、家臣や領民総出で伊賀国中から修羅（ソリ）や荷車などに乗せて運び続けた。高石垣はこれまでどおり穴太衆の手になるが、石壁の普請奉行として石積みの指揮をとったのは、藤堂右京（康成）と渡辺掃部（内膳）だった。

右京は高虎の重臣・服部康次の子として生まれたが、城の普請に長けており、高虎に重用されて藤堂姓を許されていた。伊賀上野城では石壁の普請奉行を務めたが、のちに大坂の陣で武功をあげ一万石を給され家老についた。城に関しては、その後も徳川の大坂城や江戸城の普請にかかわった。渡辺掃部も築城の名人で、伊賀上野城で本格的に城普請にたずさわり、その後は藤堂右京同様、数々の城づくりに関与している。

右京は出隅、掃部は入隅の巧者といわれた。出隅とは石垣の外側に出っ張った角の部分、入隅とは石垣の内側に折れ曲がった角の部分をさす。

とんでもないアクシデント

高虎は、伊賀上野城の本丸に、五重の天守を建造し始めた。当初は今治城の天守を移築する予定だったが、先述のとおり、幕府の丹波亀山城に寄進したので新築することになったのだ。高さは天守台を含めて三十四メートルを予定していたという。三十メートルの高石垣で囲まれた本丸の上に立てるのだから、優に六十メートルを超える。いまでいえば二十階建てぐらいのビルに相当する。一説には、大坂城の豊臣方を威圧する目的があったという。伊賀上野城の天守は、大天守に小台(小天守)を接続させる複合式天守だったらしい。らしいというのは、建設途中で断念してしまったからである。じつは、とんでもないアクシデントに見舞われたのである。

慶長十七年（一六一二）九月二日、作事（普請）は順調に進んで天守はほぼ完成し、五重目の瓦を葺き終えたところだった。だがこの日、伊賀上野周辺がにわかな大風雨に見舞われたのである。城普請を統括していた奉行の石田清兵衛は、できるだけ天守の破損を防ごうと、大工や職人たち数十人を指揮して懸命の作業をおこなっていた。しかし、風雨はますます強まり、とうとう天守の三重目を吹き崩し、そのまま建物は東南方向に倒壊してしまったのだ。一階と二階部分は残存していたというから、真ん中（三階）から折れて吹き飛んだのだろう。倒壊したさい、その振動や音は数里先まで聞こえて、近隣の住民を驚愕させたという。それだけではない。この事故で多くの犠牲者が出てしまったのだ。なんと百八十人が亡くなり、多数が負傷したと伝えられる。しかも、このとき天守に上がっていた作事奉行の平松喜蔵は転落死している。石田清兵衛も天守におり、十五メートルほど吹き飛ばされて墜落したが、傘を持っていたのでどうにか死は免れた。ただ、このときの事故で負傷し、一生身体が不自由になってしまったという。

天守倒壊後、高虎が新たに天守を建てることはなかった。一説には、わざと豊臣方を安心させるために崩したとか、巨大な天守をつくって徳川方に疑われぬよう取り壊したという説もあるが、さすがにそれはあり得ないだろう。

伊賀上野には新たに城下町を造成したが、これにも高虎の特色がよく出ているという。研究者の藤田達生氏は、「高虎の城下町の特徴は、非常に幅の広い道路を何本か並行して直線的に通し、それに何本か街路を直行させていくという面的な広がりを持つ都市設計に求められる。これは今治城下町で確認されるが、転封によってさらに明瞭となった。たとえば上野城下町では本町筋を四間幅（約七・二メートル）、二之町筋・三之町筋を三間幅としている。整然とした開放的なプランを実現し、人と物の集まりやすい環境をつくることによって、商工業の発展を支えたのである」（「藤堂高虎の城づくり・町づくり―今治から津へ―」藤堂高虎公入府四百年記念特別展覧会『藤堂高虎〜その生涯と津の町の発展〜』津市・津市教育委員会編所収）と述べている。

津城最大の特徴

伊賀上野城は家康のための城なので、高虎は伊勢国津（安濃津《あのつ》）に自分の居城をつくり始めた。その名からわかるとおり、津は平安時代から栄えた港町であり、もともと小規模な城が存在した。その後、このあたりは織田信包（信長の弟）の領地となり、さらに秀吉時代に富田知信（一白）が入城している。そんな津城を高虎が大規模に改修して居城としたのである。とはいえ、藤田達生氏によれば、「それまでの城郭を潰したり移転したりして立派なものにつくり変えるということはせずに、既にあるものを使ってどこまで拡大できるのかということに挑戦したようだ。したがって、天守や本丸はできるだけ活かしたものとなっている」（藤田達生著『江戸時代の設計者　異能の武将・藤堂高虎』講談社現代新書）とある。

事実、本丸を北側と東側に広げて高虎が好む正方形にしたが、内堀の中に一直線に西の丸、本丸、東の丸が並ぶ（連郭式）形状は富田氏時代からのものだといわれる。石垣も犬走りがあるところと、ないところがあり、犬走りを有する箇所は富田氏時代のものと考えられ、それをそのまま使用したらしい。高さも伊賀上野城のように高くはないが、やはり反りがない点では高虎式の特徴を備えている。だだっ広い水堀も、高虎が大きく拡幅したのだろう。なんと本丸の南側の堀は幅百メートル、北側の堀は幅七十メートルもあった。これが津城最大の特徴だといえ、とても泳いで渡れるものではない。

本丸の天守も富田知信がつくった三重天守をそのまま使い、それに二重の小天守を連結したとされる。ただ、本丸には新たに三重櫓を二棟、二重櫓を三棟つくり、周囲を多門櫓（計約四百五十メートル）で囲み、東西には枡形虎口をつくっている。こうした構造は高虎が好む手法であった。そんな内堀全体を囲むかたち（輪郭式と呼ぶ）で二の丸が置かれ、外堀がうがたれ、その外側に城下町がつくられた。さらに城下町の北と南は河川をもって防御とし、西側には湿地帯をそのまま残して敵の襲来を防いだのである。なお、伊勢街道（参宮街道）を曲げて城下町に引き入れ、町を繁栄させようとした。じっさいのちに「伊勢は津で持つ、津は伊勢で持つ」といわれるようになった。伊勢国は津という港町があるので伊勢神宮には参拝客が多く、一方、津の港は神宮へお参りする参拝客が使用するので栄えるという意味だ。

下僕のごとく家康に仕える

伊賀上野城と津城の完成前に、徳川と豊臣の武力衝突が始まってしまった。慶長十九年（一六一四）の大坂冬の陣である。高虎も先鋒として参戦したが、大坂城内からは連日、高虎の陣へ激しい罵声があびせかけられたという。

秀吉の寵愛を受け大禄を与えられたのに、死後すぐに家康に取り入って伊予半国の大大名に栄達し、まるで徳川の家来のようにその権力強化のために尽力し、大坂城を圧迫する堅城を次々につくっているからだ。恨まれて当然であろう。

冬の陣で先鋒となった高虎だが、翌元和元年（一六一五）の夏の陣でも井伊直孝とともに先陣に選ばれている。ただ、さしたる戦闘を経験しなかった冬の陣と比較し、夏の陣は大変な試練となった。

八尾という大坂城南東八キロ地点において、長宗我部盛親《ちょうそかべもりちか》軍と激突したのだ。高虎は、敵が臨戦態勢を整える前に突撃して蹴散らそうと試みたが、八尾が湿地帯で急進が困難なうえ、長宗我部盛親軍がよく持ちこたえたので、結果として死闘となった。最後はどうにか長宗我部盛親軍を撃退できたものの、重臣の藤堂高刑や藤堂氏勝を含む三百騎を失う大損害を被り、軍として再起不能に陥った。

そのため翌日は、先鋒辞退を申し出ざるを得なかった。しかし戦後、この奮戦を評価され、参戦武将としては最高の五万石を与えられた。

豊臣滅亡後、伊賀上野城と津城の工事はストップした。元和元年（一六一五）に将軍徳川秀忠の名をもって一国一城令と武家諸法度が出されたからであった。主に西国大名に対し、居城一つを除いて領内の城や砦を全て破却させ、新規の築城は認めないことにしたのである。大名の防衛力を大幅に削ぐのが目的だった。武装解除に等しい措置といえた。高虎も命に従い、伊賀上野城と津城の修築を中止した。伊賀上野城の本丸が全て石垣で囲われず、土塁のままなのは、そのためだという説もある。

江戸時代の主流となった城を築く

大坂の役後も、高虎の家康への傾倒ぶりは変わることはなかった。家康は臨終の床で高虎に「もう会えなくなるな」と寂しそうにいった。高虎は「あの世でお目にかかれます」と答えたが、家康は「おまえとは宗派が違うので無理だ」と返した。すると高虎は、その座にいた天海僧正を導師として即座に家康が帰依していた天台宗に改宗したといわれる。何の躊躇もせず、先祖代々の宗派を捨て去るのは、なかなかできることではない。いかに家康に尊崇していたかがわかる。

高虎はその後、十数年を生き、将軍秀忠、そして家光にも信頼され、幕府のご意見番的な立場になった。家康の霊廟である日光東照宮の縄張りをになったのも高虎であった。

豊臣の大坂城を埋めて、新たに徳川の大坂城を築城したが、その縄張りを担当したのも高虎だ。さらに大坂城の石垣、二条城や淀城、上野寛永寺の縄張りや造立・増築に関わるなど、最晩年まで築城に関わり続けた。そして、寛永七年（一六三〇）に七十五歳で没したのである。

これまで述べてきたように、藤堂高虎は、さまざまな工夫を凝らした鉄壁の城を生み出したが、自身が天下人徳川家康と結びついたことで、高虎式の城は江戸幕府のスタンダードとなり、諸大名に模倣され、江戸時代の主流となったのである。

築城者

加藤嘉明《かとうよしあき》

◇築城の特徴

敵の侵入を防ぐため、完璧な防備を目指した。

出身地　三河国幡豆《はず》郡永良郷賀気村（現在の愛知県西尾市）

生　誕　永禄6年（1563）

死　去　寛永8年（1631）／享年69歳

主な築城歴

築城内容　関ヶ原の戦いの功で20万石に加増。ライバル藤堂高虎に備えるために城を築きたい。

城名　**松山城**

主要城主　加藤嘉明、蒲生忠知、松平定行

城の概要　築城年／慶長7年（1602）　城地種類／平山城　敷地面積／約25.8ha（創建当初）　高さ・階数／大天守3重3階地下1階　所在地／愛媛県松山市

※築城年は築城開始年。

弱冠二十四歳で大名になる

戦国・江戸時代の天守が今に残っている城は、たった十二箇所しかない。弘前城、松本城、丸岡城、犬山城、彦根城、姫路城、松江城、備中松山城、丸亀城、松山城、宇和島城、高知城である。

今回紹介する加藤左馬助嘉明が築いた松山城も、現存十二天守のうちの一つだ。ただ、嘉明時代の天守は焼失したとされ、いまの天守は幕末になって再建されたもの。天守は江戸時代になると無用の長物と化し、焼失したり倒壊したりすると、そのまま建て直さないことが多い。そうした中で、幕末の再建は非常に珍しい。

まずは、松山城を築いた加藤嘉明の人となりについて紹介しよう。

嘉明は、岸三之丞教明《のりあき》の子として三河国幡豆郡永良郷賀気村で生まれた。父の教明は、徳川（松平）の譜代の家臣だったが、熱心な一向宗（浄土真宗本願寺派）の信徒でもあった。ゆえに三河で一向一揆が起こると、寺側に加担して主君の家康に背いた。このため一揆が平定されると国外に追放され、流浪を余儀なくされた。やがて長浜城主の羽柴秀吉に出仕したというが、嘉明が十二歳のときに亡くなってしまう。仕方なく嘉明は、馬の行商で生計を立て始めた。そんなある日、馬の扱いが巧みなことに感心した加藤景泰《かげやす》（秀吉の家臣）に見いだされ、天正五年（一五七七）、景泰の推挙で秀吉の小姓に抜擢されたのである。なお、嘉明は景泰の養子となり、加藤姓を名乗ることになった。

それからの嘉明は戦でたびたび功をあげ、二十一歳のとき賤ヶ岳合戦で大功を立て賤ヶ岳の七本槍の一人に数えられ、秀吉から三千石を与えられた。小柄であったが、城攻めのさい味方の肩を借りて塀の上にあがる身軽さを備えていたという。

その後、四国平定戦などの功績で淡路国に一万五千石を与えられ、志知《しち》城主となった。弱冠二十四歳である。この頃から淡路の水軍を束ねて小田原平定や朝鮮出兵で戦果を上げ、文禄四年（一五九五）、伊予国中与四郡（六万石）の大名となり、同時に伊予国内の蔵入地（秀吉の直轄地）四万石の支配も任されるようになった。

城づくりの達人

伊予に入国すると嘉明は、忙しい合間を縫って居城・松前（正木）城の改修をおこなった。残念ながら、江戸時代以降に耕地化され、松前城の縄張りや痕跡は残っていない。しかし研究者の日下部正盛氏は、後世の城図を参考に城の姿を次のように考察している。

「城は内郭・外郭とも石垣で防備され、本丸・二の丸・三の丸の曲輪《くるわ》がある連郭式縄張りで」「平城ではあるが、内郭は高さ八～九間半（約一四・四～一七・一メートル）程度の高台（城山と記入）に位置している」「石垣の高さは二～三間半（約三・六～六・三メートル）で」「井戸は二カ所あり、城道が各曲輪を結んでいる。横矢掛かり（敵を狙いやすくするための石垣の屈曲部）もよく工夫されており、二の丸が最も防備面で堅固な構造になっている」（日下部正盛著『加藤嘉明と松山城』愛媛新聞サービスセンター）。古地図に「舟入の地点が記入されているのも、海を利用した城であることを物語っている」（前掲書）。また、「城の四方が泥田堀、伊予川、海で囲まれ、金城湯池（極めて堅固な城）」（前掲書）である。このように松前城を高く評価しており、すでに嘉明が城づくりの達人だったことがわかる。

　秀吉の死後、嘉明は家康に味方して関ヶ原本戦で活躍したが、このおり国元の松前城には、毛利軍三千（諸説あり）が攻め寄せてきた。城を守っていた家老の佃十成は、城の明け渡しを約束（異説あり）して敵を油断させ、翌朝、奇襲をかけて敗走させたという。戦後、嘉明は六万石から大加増を受け、伊予半国二十万石の大名になった。

ただ家康は、秀吉子飼いの武将である嘉明のことをかなり警戒していたようだ。だから大坂冬の陣では嘉明の出陣を認めず、江戸に残留させている。『徳川実記』には、死ぬ間際に家康は、息子の将軍秀忠に「嘉明は律義者だから疎略に扱わず、よく目をかけてやれ。そうしないと、些細なことでも不満に思う質ゆえ、とても危険だ」と語ったとある。

その言葉を聞いて意外に思った秀忠は、「嘉明は異心を持つような男ではありませんし、謀反を起こすような勇気もありますまい」と反駁した。

しかし家康は「それはちがう。巧みに持ち上げる者があれば、本人にその気がなくても大将に担がれてしまうものだ」と秀忠の楽観を諌めたという。

高虎と犬猿の仲

それでは、いよいよ本題の加藤嘉明の松山城築城について語ろう。

関ヶ原合戦後、伊予半国を支配することになった嘉明は、二十万石の大名にふさわしい城と城下町をつくるため、新たな城地の選定に取りかかり、勝山（標高百三十二メートル）に新城をつくることに決めた。それは、勝山が広大な松山平野の中央にある独立丘陵だったからである。

しかし研究者の藤田達生氏は、この通説を否定し「松山城は、中世以来の伝統都市道後の政治・経済機能を吸収し、かつ家康の側近となった高虎の攻撃に備えることを目的として選地された」（藤田達生著『藤堂高虎論―初期藩政史の研究―』塙書房）と主張する。

高虎とは、もちろん藤堂高虎のこと。嘉明は、高虎と犬猿の仲となっていたのだ。きっかけは、朝鮮出兵時の唐津沖合戦における諍いであった。高虎は、敵船を多く撃沈する大活躍をした。このため誰もが高虎を一番の勲功だとたたえたが、嘉明は自分こそが一番だといい張ったのである。

嘉明は「早朝、高虎の船手が敵船を乗っ取り、成果をあげたのは敵の不意を襲ったようなものだから、それほどの働きをしたとは思えない。自分は敵への攻撃が遅れたが、命令に従って昼間に敵船を捕獲した自分が一番の功労者である」（土井中照著『松山城の秘密　新訂版　城と藩主と城下の基礎知識』アトラス出版）と主張したのだ。これ以後、互いに忌み嫌うようになったのだが、悪いことに、高虎も嘉明と同じ伊予国に領地を持っていた。ただ諍い当時、伊予国は小川祐忠、安国寺《あんこくじ》恵瓊《えけい》、池田秀氏、来島《くるしま》康親など、複数の大名によって統治されていた。ところが関ヶ原合戦後、他大名は西軍について処罰されたり改易されたり、移封されたりして、嘉明と高虎が国を二分して支配することになったのだ。しかも領地が完全に東西で二分されていたわけでなく、混在する土地も少なくなかった。二人が牽制し合うよう、わざと家康がそう配置したのかもしれない。結果、ますます両者はいがみ合うようになり、高虎が今治城をつくり始めると、嘉明は監視のために今治城近くに拝志《はいし》城をつくり、高虎の動きを常時監視するようになった。

一方高虎のほうも、嘉明が普請を開始した松山城を警戒し、至近の湯築（塩泉）城を大改修して一門や重臣を配置した。

こうした劣悪な関係は、とうとう騒動に発展する。

慶長九年（一六〇四）、藤堂家から人を殺して出奔した者が嘉明の領内（拝志）に入り込んできた。それを機に騒動がおこり、最終的に藤堂家の家臣を、嘉明に属する拝志の役人が殺害したのである。すると、これに激した高虎の養子・高吉との間で、合戦未遂騒動（拝志騒動）が起こったのだ。そういった意味では、高虎の攻撃に備えるために嘉明が松山城をつくったという藤田説は、とても説得力がある。

二十五年の普請事業

ではこれから、松山城の公式ホームページ（https://www.matsuyamajo.jp）を参考に、いくつかの文献をもとにして松山城の構造や魅力について語っていこう。

勝山の地に、そのまま城を築くのは、じつは困難だった。勝山の麓に湯山川（現・石手川）が北東から入り込んでいたからだ。この川は暴れ川で、たびたび洪水を起こしていた。そんな場所に城下町をつくれば、水害が絶えなくなる。だからまず、川を付け替える大規模な土木工事が必要だった。

この難事業を担当したのが、加藤家の重臣・足立重信だった。これまで多くの土木事業を成功させ、嘉明から四千五百石（五千石とも）の禄を与えられていた。

重信は自分で基本計画を立て、曲がりくねった川を正したり、水の流れを緩めたりした。そして、岩堰《いわぜき》という場所で川の流れを大きく変え、二キロ先の伊予川と合流させたのである。大変な難事業だったので、重信は岩堰地域の岩盤を削るさい、「石くず一升に米一升（石くず一升掘った労賃として米一升を与える）というおふれを出し、労働者たちの出来高に応じた報酬を与え」（松山市教育委員会監修『図説　日本の城と城下町⑥　松山城』創元社）、彼らの意欲を引き出したという。

難事業は無事に成功し、洪水が防がれ、新たな田んぼが生まれた。そんなことから人びとは足立重信の功績をたたえ、伊予川を「重信川」と呼ぶようになった。

いよいよ慶長七年（一六〇二）から嘉明は松山城の縄張りをおこない、勝山での城普請を始めた。普請奉行には、先の重信、助役に山本八兵衛と松本新右衛門が任命された。重信は機転が利く人だったようで、「勝山山頂への物資運搬の際、近郊の農家より人を集めて人垣を作らせ、バケツレースの要領で瓦を運ばせ」「一夜のうちに瓦全部を運んだ」（土井中照著『松山城の秘密　新訂版　城と藩主と城下の基礎知識』アトラス出版）という。

翌年、嘉明は勝山の地を松山と改名した。家康が徳川姓の前に名乗っていた松平姓から一字（松）をもらい、松のように長く繁栄することを願ったという説がある。

そして嘉明自身も、この年のうちに松前（正木）城から松山の地に移ってきた。

松山城の普請事業は、驚くべきことに二十五年間も続いた。江戸城に次ぐ長さだが、なぜこんなに長期間、普請や作事を続けたのかわかっていない。しかも嘉明は、城が完成する前の寛永四年（一六二七）、会津四十万石に移封になってしまう。松山城は、嘉明のあとに入ってきた蒲生氏のときに、ようやく完成したのだ。

さて、松山城の縄張りだが、勝山の山頂部に本丸を設け、本丸の南端から麓のほうへ二の丸をつなげ、さらに二の丸の西部に三の丸を配置した形状になっている。

二の丸は、山裾（標高約四十メートル）を平坦にして石垣を組んでつくられたが、二の丸御殿は城主が居住するとともに政庁として機能した。かつては渡塀や櫓、城門などが林立した要害だった。三の丸は、その西側の平坦部につくられたが、貞享四年（一六八七）になると、城主の御殿兼政庁は二の丸からこの三の丸へ移っている。重臣たちの屋敷もここに置かれた。

松山城の大きな特徴は、登り石垣の存在である。登り石垣については、加藤清正の項で解説したが、朝鮮出兵のさい各地の倭城にこぞって構築されたものだ。

嘉明も朝鮮に渡海して戦っているので、そのメリットを身をもって知り、松山城に築いたのだろう。横（山腹）からの敵の侵入や攻撃を防ぐため、麓の二の丸から山頂の本丸へ南北にまっすぐ両腕を伸ばしたように、一対の石垣列が二百三十メートル続いている。とくに南側の登り石垣は、現在もほぼ完璧な形で残っている。これほど良好な状態を目にできるのは、松山城だけである。

ちなみに松山城の石垣の多くは打込接で、ときおり切込接の部分が見られるが、本壇（本丸北端部。他の部分より八メートル高い）東側の石垣は、天守を再建するとき一部を積み直しているので、積み方の異なる石垣を目にすることができる。また、本丸北側の石垣は野面積みで、築城当時のままだと伝えられる。本丸の高石垣は、最大で十七メートルある。

他の城にはない特殊な本丸

二の丸から本丸に至るルートだが、戦略上の工夫がこらされた。「二の丸の入り口である黒御門跡から尾谷一の御門（現・大手門跡）までの距離は五町二十八間（約六〇〇メートル）で、途中まで登ると勾配《こうばい》は急となり、七曲り道となっている」（日下部正盛著『加藤嘉明と松山城』愛媛新聞サービスセンター）のだ。城への道を折り曲げる着想は、嘉明や福島正則、細川忠興らの軍が「美濃岐阜城（城主・織田秀信）を攻撃した時に得た。この時、城の大手七曲り口で加藤軍は苦戦の末敵を破ったが、戦略的に造られた曲線道路の攻略の難しさを体験した」（前掲書）からだ。

松山城の本丸は、他の城では見られない特殊な形状をしている。南側の大手門から内部へ入ると、南北に細長くのび、途中がくびれて、その先が大きく膨らんでいるのだ。あえていうならカナヅチやツチノコに似ているかもしれない。じつは本丸がある勝山は、もともと二つの峰に分かれていた。それを両側の峰を削って谷の部分を埋め立てて構築したので、こんな奇妙な形になったのである。ちなみに本丸の井戸は、「谷間にあった井戸を守り立てて周囲を下方から積み上げ、城の井戸」(松山市教育委員会監修『図説　日本の城と城下町⑥　松山城』創元社)にしたそうだ。

本丸に入ると、三つの城門(戸無門、筒井門、太鼓門)が待ち受けている。門扉がない戸無門は、敵を筒井門へ誘い込むために置かれたと考えられる。また、隠門は筒井門の石垣の陰に隠されて見えない入口だ。うっかり筒井門へ進んでしまうと、背後の隠門から城兵に攻撃されてしまう。しかも筒井門へ入ると、五メートルの石垣が立ちはだかり、上にある渡り塀の石落としから石が落ちてきたり、狭間から矢や弾丸が飛んでくる。最後に太鼓門があるが、近づけば櫓から激しい攻撃を受けるだろう。

そんな太鼓門をどうにか抜けると、平坦地が広がる。かなたには、本壇と呼ばれる高台があり、高台の上に天守や櫓群(連立式天守)が見える。本丸全体で二十二の櫓(うち六棟が重要文化財)があるが、本壇には天守や小天守に加え、櫓が集中している。嘉明は、こうした櫓や城門の多くを、石材などと共に湯築城や松前城などから移築したといわれる。

本丸の平坦地から北端部の本壇へ入るには、一の門を通過するしかない。一の門は本壇の天守に通じる最初の門で、立派で豪壮な構えとなっている。形式は門の上から攻撃できる高麗門で、扉の上下に縦格子があり、内側から外をのぞくことができる。

天守に到達するためには急な坂をのぼっていくが、周りは櫓や塀に囲まれているので、ここを突破するのは至難の業である。続いて二の門が現れるが、頑強な枡形になっており、さらにそこを抜けて三の門を破らなくては天守に行き着かない。

ユニークな松山城天守

現在の松山城天守は、幕末に完成したこともあり、その形状は宿敵・藤堂高虎が考案した層塔型天守である。対して慶長十年（一六〇五）に完成した嘉明の天守は、望楼型の五重だったが、新城主となった松平定行が寛永十九年（一六四二）に三重に改築したといわれている。石高相応の建物にしたのだとか、徳川家に遠慮して小さくしたのだなど、諸説あって理由はよくわからない。

ただ、藤田達生氏は、近年発見された城の古地図に天守が描かれていないことから、嘉明が天守をつくらなかった可能性を指摘し、最初に天守を建てたのは嘉明に替わって城主となった蒲生忠知ではないかと推論している。

ともあれ、天明四年（一七八四）、城主が松平定国のとき、落雷によって天守は焼失してしまった。再建の許可を幕府から得たものの、財政難のためなかなか工事に取りかかれなかった。しかし文政三年（一八二〇）から再建に着手し、なんと、三十五年かけて安政元年（一八五四）にようやく完成したのである。再建天守は、先述のように三重三階地下一階の層塔型天守で、「直線的な破風《はふ》や最上層の高欄《こうらん》、腰高下見板、連子窓の突揚板など、定国の代に焼失した天守を忠実に再現した」（土井中照著『松山城の秘密　新訂版　城と藩主と城下の基礎知識』アトラス出版）とされている。

なお、松山城天守のユニークなところは、天守内で生活できるようになっていることだろう。本格的天守を考案した信長は、天守を生活の場としてきたが、秀吉時代以降、倉庫や物置となり、さらに江戸時代になると無用の長物と化し、焼失・崩壊後は再建されないことも多かった。ところが松山城の天守は、一階から三階までしっかり天井板が張られ、床の間も設置され、畳の敷ける構造になっていたり、襖を入れる敷居があったりする。居住可能になっているのだ。時の松山藩主は松平勝善であったが、彼は天守で暮そうと考えていたのだろうか。なんとも不思議である。

松山城は、天守・小天守・櫓を四方に配する連立式天守である。ちなみに天守の周りの建物（小天守や櫓）は、戦後に復元されたものだが、基本的に木造で再建され、築城時期の差を感じさせない。鉄筋コンクリートづくりでの再建が一般的だったなかで、本丸では二十棟以上の建物が長い年月をかけて木造で再建されていった。現代では流行の手法だが、当時としてはむしろ斬新だし、評価できるやり方だと思う。

本壇の西には乾門（裏門）があるが、ここに野原櫓が立っている。非常に珍しい形式の望楼型二重櫓である。このほか城内最古（嘉明時代）の二階建ての乾櫓がある。「乾櫓の壁は、太鼓壁と呼ばれ、弾が当たりやすい位置を厚く膨らませてい」（前掲書）て、「壁や塀には火縄銃を撃つ鉄砲狭間《ざま》という四角い穴がいくつも開けられてい」（前掲書）るが、途中から向きが変わる狭間もある。乾門・乾門東続櫓と共に松前城から移築されたものだという。「城が火に包まれたとき、内側に火災が及ばないよう、壁は全て外側に倒れるようつくられてい」（前掲書）るとのこと、それは土塁も同様で、「崩壊するときは外の敵側に向けて倒れ」（前掲書）る構造になっているそうだ。

松山城のその後

前述のように、家康は死ぬまで嘉明の動向に目を光らせていたが、嘉明は秀忠には気に入られ、秀忠の嫡男・家光の鎧着初め式の介添役をつとめるなど優遇され、寛永四年（一六二七）には会津約四十三万五千石という大封を与えられた。

ただ、このおり嘉明は、「このまま老身を松山で養わせてほしい」といったといわれる。手塩にかけた松山城を離れるのは後ろ髪を引かれる思いだったのかもしれない。じつは幕府は、東北の要である会津を、大禄を与えて藤堂高虎に守らせようと考えていたという。しかし高虎はこの話を断り、嘉明を推挙したといわれる。これを喜んだ嘉明は高虎と仲直りし、以後、二人は盟友となったとされるが、高虎の推挙は何か意図があるのではないかと勘ぐってしまう。

それから四年後、加藤嘉明は江戸で六十九歳の生涯を閉じた。

だが、嘉明が没して十二年後、二代明成（嘉明の子）は領地を没収され、加藤家は断絶した。原因は明成と老臣の堀主水との対立が御家騒動に発展。加えて領内支配の不手際もあったようだ。

さて、嘉明が会津へ去ったあとの松山城である。出羽上山から蒲生忠知が入城し、この城を完成させたのである。だが、忠知は若くして死去し、嗣子がなかったのでお家は断絶となった。その後は松平定行（家康の甥）が伊勢桑名から松山城に入り、以後、明治まで同家が城主として君臨したのである。

松山城は明治になると、県庁が置かれたり、陸軍の用地として使用されたり、獄舎が置かれたりしたが、本丸一帯は明治末に公園となり、大正十二年（一九二三）に旧藩主の久松定謨氏が松山城の払い下げを受け、これを松山市に寄付したことで、市民憩いの市営公園として現在に至っている。

築城者

徳川家康《とくがわいえやす》

◇築城の特徴

武田氏、織田氏、豊臣氏の城の長所を取り入れる。
将軍家の居城に相応しい、豪華な城づくり。

出身地 三河国(現在の愛知県東部)
生　誕 天文11年(1542)
死　去 元和2年(1616)／享年75歳

主な築城歴

築城内容 城づくりの名手、太田道灌が築いた城を、天下人の居城に相応しい城へ建て直したい。

城名 **江戸城**

主要城主 太田道灌、小田原北条氏、徳川家康、秀忠、家光など、徳川氏の15代にわたる将軍

城の概要 築城年／長禄元年(1457)築城、文禄元年(1592)頃から寛永13年(1636)にかけて大改修　城地種類／平城　敷地面積／外郭面積約2082ha、内郭面積約426ha　高さ・階数／約48m(家康の慶長期天守)、約58.6m(家光の寛永期天守)　所在地／東京都千代田区千代田

※築城年は築城開始年。

築城内容　引間《ひくま》城を改修し、名を改めた。17年間過ごし、ここから領地を拡大した。

城名　**浜松城**

主要城主　徳川家康、松平忠頼、水野忠邦

城の概要　築城年／元亀元年（1570）　城地種類／平山城　敷地面積／城郭南北約500m、東西約450m　所在地／静岡県浜松市

築城内容　幼少期に人質で過ごした地に、隠居所として城を建てる。

城名　**駿府城**

主要城主　徳川家康、中村一氏《かずうじ》

城の概要　築城年／天正13年（1585）築城、慶長12年（1607）改修　城地種類／平城　敷地面積／天守台東西約63m、南北約69m　高さ・階数／天守6重7階（または5重7階）　所在地／静岡県静岡市

築城内容　朝廷の守護の拠点と将軍が上洛するさいの宿泊所。

城名　**二条城**

主要城主　徳川家康、家光

城の概要　築城年／慶長7年（1602）築城、寛永3年（1626）改修　城地種類／平城　敷地面積／総面積27.5ha　所在地／京都府京都市

捨てられた城を拾う

家康が生まれた三河国の岡崎城は、祖父の清康が享禄四年（一五三一）に豪族の西郷氏から奪った砦近くの龍頭山に、新しく構築した城だと伝えられる。

城は「岡崎平野に位置し、愛宕《あたご》丘陵から延びる台地の南西端にあたり、城の周囲を流れる河川や人工的な堀割《ほりわり》によって区画された土造りの城であったと考えられている」（後藤宏樹著『歴史文化ライブラリー594　江戸城の土木工事　石垣・堀・曲輪』吉川弘文館）が、正確な縄張りはわかっていない。というのは、家康が関東へ移封されたあと、秀吉の重臣・田中吉政が巨大な総堀を掘るなど城に大規模改修をくわえ、さらに江戸時代に複合天守がつくられ、東海道を城下に引き入れるなど、歴代城主によって大きく改変されてしまったからである。

周知のように家康は、六歳で岡崎城から出て織田信秀（信長の父）の人質となり、八歳のとき人質交換で今川義元のいる駿府に移った。弘治元年（一五五五）に十四歳で元服したが、翌年、九年ぶりに岡崎城への里帰りを許されている。のちに義元から一門の待遇を受け、今川方の武将として戦うようになった。しかし岡崎城に戻ることは許されず、本丸と二の丸には今川の家臣が在番衆（城の守りにあたる兵士）として入り、三の丸だけ松平（徳川）の家臣・鳥居忠吉が守っていたという。

永禄三年（一五六〇）に桶狭間合戦で義元が討ち死にすると、家康は戦場から岡崎に戻るが、すぐに岡崎城には入らなかった。今川方の在番衆がいたので遠慮し、とりあえず松平氏の菩提寺である大樹寺に腰をすえたのである。しかし、まもなくして在番衆に義元の死が伝わると、彼らは岡崎城から去ったので、家康は「捨て城ならば拾おう」といって入城したと伝えられる。翌永禄四年、家康は今川氏と手を切って信長と同盟を結び、岡崎城を拠点に三河の平定に乗り出していった。

武田の築城技術を取り入れる

三河を統一したあと、家康は甲斐（山梨県）の武田信玄と結んで今川氏真の領地を東西から攻め、遠江国の制圧に成功した。そこで新領地の支配を固めるため、元亀元年（一五七〇）、遠江の引間城（のちの浜松城）に移った。

研究者の加藤理文氏によると、「戦国期の天竜川は、大天竜と小天竜の二筋を本流とし、西側小天竜は、現在の馬込《まごめ》川のあたりを流れていたという。従って、引間城は、小天竜を自然の堀とし、城の北に犀ヶ崖《さいががけ》へと続く溺《おぼ》れ谷となった断崖《だんがい》地形、東から南にかけて低湿地が広がる要害の地に位置していた」(加藤理文著『家康と家臣団の城』角川選書)とする。家康はここを居城にするにあたって、「引間城の西対岸の丘陵部に中心域を移し、名を浜松城と改めさらに南へと拡張工事を実施し、旧引間城も、東の備えとして城域に取り込んだ」(前掲書)のである。

じつは当初、家康は城之崎城を拠点にしようと考えたが、背後に天竜川が流れており、武田軍が攻めてきたら背水の陣になってしまう。そこで城之崎城をやめて引間城(浜松城)を居城にすることにしたという。信長のアドバイスだとする説もあるが、浜松城のある丘陵(三方原台地)から東海道のみならず遠江一帯を見渡すことができたのも大きいだろう。

浜松城の城域は南北約五百メートル、東西約四百五十メートルとされ、西北の最高地に天守曲輪がつくられ、その東側に本丸と二の丸、東南側に三の丸が直線で階段状に並ぶ梯郭式の城だった。以後、天正十四年(一五八六)までの十七年間、家康はこの浜松城を居城とした。浜松在城時代、家康は武田信玄の大軍に遠江国を蹂躙され、浜松城近くまで攻めこまれたことがある。このときは信長の援軍を得て籠城を覚悟した。ところが浜松城の北方四キロ地点で、武田軍が急に西に向きを変えて三河国へ入ろうとしたため、家康は城から出撃。結局、ボロ負けして命からがら浜松城に逃げ帰った。これが、世にいう三方ヶ原の戦いである。

興味深いのは、これ以降、家康が武田の築城技術を取り入れていったことだ。先の加藤理文氏によれば、武田流築城術の特徴である巨大な横堀をうがったり、虎口前に丸馬出という半円形の曲輪をつくるようになったという。なお、西日本では信長によって総石垣の城がつくり始められ、織田の重臣たちはこぞってこの形式を模倣したが、家康の浜松城にはまだ、石垣や瓦葺きの建物などは見られなかった。

天正十八年に家康が関東へ転封させられると、秀吉の家臣・堀尾吉晴が浜松城に入り、高石垣を備えた城郭に大改修し、本丸に天守を建てた。江戸時代は譜代大名が城主をつとめたが、老中など幕府の要職を務める者が輩出したので、出世城として有名になった。

駿府城への移転

天正十年三月、信長は武田勝頼を滅ぼすと、家康の労を謝して駿河一国を与えた。こうして家康は三国（三河、遠江、駿河）を領する東海一の大大名となった。ところが三カ月後に本能寺で信長が自刃した。すると家康は、空白地帯と化した旧武田領へ侵攻、小田原北条氏と争ったが、やがて北条との講和が成立する。家康は東海三国に加えて甲斐と信濃（南部）も支配下に組み込み、五国を領するようになった。

このため天正十三年から駿河国駿府に新城をつくり、ここに住するようになった。駿府の地を選んだのは、人質時代に暮らしていたことも大きいと思われる。ただ、加藤理文氏は、当時は羽柴秀吉と対立が続いたため、「対秀吉戦略の一環としての居城移転」（前掲書）をしたのではないかと推察する。少しでも羽柴（豊臣）の勢力範囲から遠く、かつ、同盟を結ぶ北条氏に近い場所を居城に選んだというのである。

豊臣政権での徳川氏の役割

そんな家康も、秀吉が妹の朝日姫を正室として差し出し、実母の大政所を人質として送ってきたことから、天正十四年秋、ついに秀吉に臣従、一門の扱いを受けることになった。翌年から家康が駿府城の普請をおこなった記録が残るが、加藤理文氏は、「駿府城普請は、新たな築城工事と理解される。豊臣政権のナンバー2の地位を得、羽柴大納言家康になったことにより、駿府城もまた豊臣政権ナンバー2の城として、政権が全面的に関与して改修工事を実施しようとした」（前掲書）のかと推測している。こうして駿府城は、高石垣、天守を持つ織豊系城郭に生まれ変わった。

天正十八年の小田原平定後、家康は秀吉に国替えを命じられた。

新しい領地は北条氏の旧領（関東）だった。しかも居城は、小田原城ではなく江戸城に入るよう秀吉から指示されたという。この措置に関しては、秀吉が家康を恐れるあまり、彼を東海から関東地方へ遠ざけ、居城もあえて辺鄙《へんぴ》な東の地（江戸）に左遷したのだといわれてきた。

ただ、江戸には良港である品川湊があり、平野部では河川水運が発達していた。また、東海道や鎌倉街道も附近を通っており、決して片田舎ではなく、かなり栄えていたようなのだ。秀吉は、東北地方への遠征を目論んでおり、家康を関東に置いたのは、その対応に当たらせようと考えていたという説もある。一方で、失態の責任を取らされたのだという説がある。家康は北条氏が秀吉に臣従するよう仲介をしていたのに、結局、全面戦争が起こってしまい、戦で関東が荒廃してしまった。そこで秀吉は、治安が不安定で疲弊した戦場跡に家康を移したというのだ。

いずれにせよ、家康は膨大な家臣団を引き連れて江戸に移ることになった。

家康の江戸入り

家康が拠点とすることになった江戸城について、その歴史をひもといてみたい。江戸一帯は秩父平氏の流れをくむ江戸氏が支配しており、中世には江戸城周辺に江戸氏の居館があったとされる。その土地に長禄元年（一四五七）、築城の天才と謳われた太田道灌（扇谷上杉氏の家宰）が城をつくった。それが江戸城である。

道灌時代の江戸城は、入江と川に囲まれた険峻な丘陵に立地し、三曲輪（子城、中城、外城）が独立して一城を形成していたとされる。また、各曲輪の「断崖に橋が架けられ、二〇ヵ所の櫓《やぐら》や五ヵ所の石門があり、城の周囲には土塁《どるい》や堀が巡らされ、堀には泉脈《せんみゃく》が保たれていたとされる。中城には、静勝軒という道灌の館や家臣詰所、物《もの》見櫓《みやぐら》、蔵《くら》などの建物が存在した」（後藤宏樹著『歴史文化ライブラリー594　江戸城の土木工事　石垣・堀・曲輪』吉川弘文館）という。

江戸城は「三州（武蔵・相模・上野）の存亡は、武蔵の一州にあり。武蔵の存亡は、江戸一城にかかる」といわれるようになり、戦国時代には小田原北条氏の重要な支城となった。秀吉の小田原攻めのさいは北条氏の重臣・遠山景政が江戸城の城代をしていたが、景政本人は小田原城に籠もっており、景政の弟・川村秀重が留守を預かっていた。やがて江戸城には浅野長政率いる別働隊が押し寄せてきた。城兵は約一千、対して浅野率いる豊臣軍は二万五千。このため浅野の大軍勢に恐れをなした秀重は、無抵抗で開城してしまったようだ。江戸城内にはいくつも井戸が掘られ、湧水も豊富だったので、大軍に包囲されても数カ月の籠城には耐えられたはず。無血開城とは情けないことである。

江戸城への水上輸送の便をはかる

天正十八年（一五九〇）八月一日、家康は江戸入りした。

家康が江戸行きをすんなり受け入れたのは、「伊勢《いせ》と品川を結ぶ太平洋海運の存在と、銚子《ちょうし》・関宿《せきやど》から浅草に通じていた利根川・常陸川水系に着目した」（加藤理文著『家康と家臣団の城』角川選書）とする説もあるが、まずは大勢の徳川家臣たちが住めるよう、城下町の整備を始めた。総奉行として家臣団の屋敷を定め、知行割を担当したのは徳川四天王の榊原康政だったとされる。

当時、江戸城のすぐ側（今の日比谷や新橋あたり）まで海（日比谷入江）が迫っていた。「その入江の東側（現東京駅周辺）は江戸前島《まえじま》といわれ、湾に向かって陸地が半島状に突き出ていたのである。また、その東側を石神井川《しゃくじい》が、西側を平川《ひら》が流れ湾に注いでいた」（前掲書）。さらに利根川が江戸湾に直接流れ込み、湿地や沼が多く点在する水はけの悪い地で、洪水も頻発していたと考えられている。

そこで家康は、江戸城近くの神田山（現在の駿河台）を削り、その土砂で日比谷入江を埋め立て始めた。また江戸城への水上輸送の便をはかるため、道三堀の開削や平川（現在の日本橋川）の付け替え、さらに小名木川の開削を始めた。

小名木川（運河）を開いた目的は、塩の確保にあったという。江戸城下が繁栄して人口が急増すれば、住人を養うだけの食糧が必要になるが、それに加えて塩の確保も不可欠。だから製塩業が盛んな行徳（千葉県市川市）方面から運河で塩を運ぼうとしたのである。それに、江戸城—道三堀—日本橋川—行徳間が水路で連結すれば、行徳から先は関東北部や房総半島と河川舟運でつながっているから、天候に左右されることなく、関東各地から江戸城まで短期間に兵士や兵糧を運びこめるようになる。

こうして隅田川河口から約五キロほど行徳方面へ海岸線に沿って小名木川が開かれた。といっても、平地を掘ったのではなく、干潟を埋め残して水路としたのである。

秀吉の遺言

家康は江戸入りした後も、豊臣政権の重鎮として上方にいることが多く、当初二年間はあまり江戸城に手を入れられず、本格的な改修は文禄元年（一五九二）からとなった。ただ、加藤理文氏によると、これより前、「本丸と二の丸の間にあった乾《いぬい》堀を埋め立て」「手狭な本丸を広くする」（前掲書）工事があったという。なお、後藤宏樹氏の著書『歴史文化ライブラリー594　江戸城の土木工事　石垣・堀・曲輪』（吉川弘文館）によると、当初の江戸城には石垣がなく、芝を生やした土居で城を守り、土手の上には竹木が繁っていたとする。それが文禄元年になって「西の丸の創築工事が開始され石垣づくりの堀が翌年に完成した」（前掲書）という。とはいえ、「この時点の家康は豊臣配下の一大名でしかない。従って、築城工事も一大名が行った工事」（加藤理文著『家康と家臣団の城』角川選書）に過ぎなかった。

慶長三年（一五九八）に秀吉が死ぬと、家康は秀吉の遺言に従い伏見城（木幡山城）で豊臣政権の政務を取り仕切るようになった。ただ、研究者の矢部健太郎氏は、家康が伏見城にいることについて、「豊臣政権の「権力」の象徴は、あくまでも大坂城」（矢部健太郎著『敗者の日本史12　関ヶ原合戦と石田三成』吉川弘文館）であり、

「大坂城と伏見城とでは、城としての機能や規模、軍事的な動員能力などに大きな差があった」(前掲書)とし、それを根拠に「家康を伏見に残した秀吉には、「政務を総覧」させることではない、別の意図があった」(前掲書)と推論する。その意図というのは、家康を「脆弱な伏見城周辺」に置き、「「人質」として畿内に留め置き、容易に帰国させない状況を生み出す意味があった」(前掲書)と主張する。

矢部氏は「実際に、伏見城で家康が豊臣政権の政策決定を牛耳ったわけではないし、伏見には家康と前田玄以もしくは長束正家、大坂には利家らがいるような状況にあっては、「合議制」などを実際に運営できたか否か、はなはだ疑問」(前掲書)だとし、「政権の本体は、豊臣宗家の当主・羽柴秀頼とともに、大坂城にあった」(前掲書)と論じる。つまり、伏見城で政務をみろという秀吉の遺言は、家康の封じ込めを目的にしていたというわけだ。

しかし家康は、こうした足枷をはめられても急速に勢力を膨張させ、大老の前田利家が慶長四年(一五九九)に没すると、にわかに大坂城に入ってきた。大坂城西の丸には北政所(ねね)が暮らしていたが、彼女が居所を家康に譲ったことで、そのまま大坂城に居座ったうえ、なんと西の丸に四重天守を建設したのだ。自分は秀頼と同等だと誇示する狙いがあったと思われる。

伏見城を拠点に政治を執る

慶長五年（一六〇〇）六月、家康は謀反を企てたとして上杉景勝の会津征伐へ向かったが、留守中、石田三成勢が挙兵して鳥居元忠が守る伏見城を攻め落とした。さらに五大老の毛利輝元が大坂城本丸に入り込み、城内を制圧して秀頼母子と三奉行を味方につけ、徳川家臣を追い払って西の丸も接収した。そして三奉行の名をもって家康の所業を非難する豊臣政権の公的文書を諸大名に配布した。結果、賊に転落した家康は窮地に陥るが、味方大名（東軍）の活躍により各地で西軍を圧倒、天下分け目の関ヶ原合戦に勝利した。これを知ると輝元はおとなしく大坂城を明け渡した。こうして大坂城を取り戻した家康だが、合戦後わずか七カ月で伏見城を再建、再びここを拠点に政治をとるようになった。慶長八年（一六〇三）には征夷大将軍となって幕府（政権）を立ち上げたが、慶長十一年（一六〇六）まで伏見城を拠点としたので、この時期を「伏見幕府」と呼ぶ研究者もいる。

家康自身は将軍になってからわずか二年後、息子の秀忠にその職を譲った。ただ、徳川の天下が永続することを誇示するのが狙いで、家康が政界から引退したわけではなかった。大御所となってからも、死ぬまで権力を握り続けたのである。

慶長六年（一六〇一）正月、家康は上方周辺の大名たちに京都に新しい城をつくるよう命じた。縄張りは藤堂高虎が担当した。それが、二条城である。

家康時代の縄張りは、周囲を石垣と水堀で囲む方形の単郭形式で、比較的簡素な構えだった。敷地面積も、現在の二条城の東半分（いまの二の丸部分）しかない。建物の配置は、室町幕府の将軍の邸宅「花の御所」をモデルにしていたとされるが、大きく異なるのは敷地内に天守が立っていたことだろう。二条城の天守は、大和郡山城のそれをリサイクルしたもので、板葺き屋根だったといわれている。

徳川政権の象徴

慶長八年（一六〇三）、家康は伏見城で征夷大将軍に任じられると二条城に入り、拝賀の礼のため牛車に乗ってこの城から宮中に参内した。その後、朝廷の使者や公家、諸大名を二条城に迎えて祝いの宴を開いた。そういった意味では、二条城は江戸幕府の始まりの城となったわけである。

徳川秀忠の将軍宣下の儀式も二条城で執行された。慶長十年（一六〇五）四月、勅使が二条城を訪れて儀式が執りおこなわれ、秀忠は正二位・内大臣に叙せられた。このように二条城は、朝廷との政《まつりごと》の城、儀式典礼の場であり、幕府の政務をとる伏見城とは異なる役割を果たした。翌慶長十一年、家康は二条城に大改修を加え、壮麗な城郭につくり替えた。先述の天守も完成、二条城は洛中における徳川政権の象徴となった。

慶長十六年、家康は久しぶりに豊臣秀頼と対面した。会見場に選ばれたのは二条城であった。これまで秀頼の母、淀殿が二人の対面を拒んできたが、今回、家康が強要したのである。ただ、立派な青年武将に成長した秀頼を見て、政権が簒奪される危惧を抱いた家康は、豊臣の覆滅を決意したとされる。こうして三年後に大坂冬の陣が勃発したが、このおり家康は二条城から大坂へと出陣している。また、翌年に夏の陣で豊臣家を滅ぼすと、やはりこの二条城で戦後処理をおこなった。

ちなみに豊臣方は、大坂の夏の陣直前、家康がいる二条城の焼き討ちを計画したという、それに関与したとして茶人で武将の古田織部は、幕府から切腹を命じられた。その後、家康は二条城で古田の所持する茶道具を一覧したとされる。

終わりの城

二条城は、家康の死後も京都に将軍が来たさいの宿所として用いられたが、元和六年（一六二〇）に将軍秀忠の娘・和子《まさこ》が後水尾天皇に入内するさい、彼女は二条城から壮麗な行列を率いて御所に輿入れしている。さらに寛永三年（一六二六）、将軍家光と大御所の秀忠は初めて後水尾天皇を二条城に迎えた。これは幕府にとっての一大イベントであり、天皇行幸にあたって秀忠は、二条城を大修築して新たに本丸をつくり、郭内に新天守や天皇の御座所を創建した。新天守は、伏見城から移築・改修したもので、屋根は銅板瓦葺きだった。天皇は行幸のさい、この天守に上っている。

寛永十一年（一六三四）、三代将軍家光は自身の権威を見せつけるため、三十万人の軍勢で京都へ入り、やはり二条城に滞在した。このとき家光は京都の町人たちを二条城に招き、同時に三万七千戸以上にご祝儀を与えた。しかし以後は将軍が二条城に入ることはなかった。また、後水尾天皇の行幸後、二条城の御座所は京都御所へ移され、不要な建物は撤去された。さらに天守は落雷で焼失し、本丸御殿も天明の大火事で類焼してしまった。このため二条城の敷地には草がはびこるようになり、建物もボロボロになり、狐狼の巣窟といわれた。

ところが文久三年（一八六三）、二二九年ぶりに十四代将軍徳川家茂が上洛することになったのである。滞在場所は二条城と決まったので、二の丸御殿などが修理された。開国して安政六年（一八五九）から貿易が始まり、尊王攘夷運動が活発化すると、朝廷や天皇の権威が高まり、政治の中心は上方に移っていった。このため老中など幕府の閣僚も京都に滞在し、二条城に出入りするようになった。慶応二年（一八六六）、若くして将軍家茂が没すると、一橋慶喜が十五代将軍になったが、倒幕運動の高まりを抑えきれず、慶応三年（一八六七）十月、二条城において諸藩の重役を集め、朝廷に政権を返還することを明らかにした。大政奉還である。これにより、江戸幕府は消滅することになった。つまり二条城は、徳川にとって終わりの城でもあるわけだ。

同年十二月、王政復古の大号令（新政府の樹立）と慶喜の辞官納地が決まると、将軍慶喜は二条城から静かに大坂城へ撤退した。

翌慶応四年正月、鳥羽・伏見の戦いで旧幕府軍が敗れると、二条城は新政府に接収された。明治四年（一八七一）に京都府の庁舎となったが、明治十七年に宮内省の所管に移され、翌年から大修理が始まった。その後、天皇の離宮（二条離宮）となるが、昭和十四年（一九三九）に廃されて京都市の史跡となり、戦後の昭和二十四年（一九四九）より大修理がおこなわれた。昭和二十七年（一九五二）に二の丸御殿等の建物が国宝に指定され、平成六年（一九九四）には世界文化遺産に登録されたので、世界中から観光客が訪れるようになった。

江戸城の改造

さて、江戸城である。幕府が成立すると家康は、慶長九年（一六〇四）から天下普請によって江戸城を総石垣づくりの大城郭に改造していった。縄張りは、家康の信用の厚い藤堂高虎が担当した。さらに加藤清正、黒田長政、池田輝政など二十八の西国大名が石垣づくりを担った。まずは織豊系城郭の高石垣を積むことに長けた西国大名を選んだのだろう。さらに翌年以降からは伊達政宗など東国の大名たちも城普請に加わっていった。石材は、主に伊豆半島から運び出された。

江戸城の虎口は、石垣や土塁で枡形がつくられた。外側の高麗門から入ると三方を石垣・土塁で囲まれ、直角に曲がらないとその先へは進めないが、進めばまた入口に櫓門がそびえている。石垣や門の上から狙い撃ちされたらひとたまりもない。

城下町の造成も急ピッチで進められた。日比谷入江の埋め立ては以前からおこなわれていたが、本格化したのはこの時期のこと。また、日本橋が架設され、この橋を始点として五街道（陸上交通）が整備されていった。

江戸城の天守は、豊臣時代のそれとは全く違う印象を与える建物に変貌している。豊臣系の天守は、黒漆塗りの壁に金箔で装飾した豪華絢爛なものだったが、江戸城天守は、屋根瓦は鉛を葺いているので、あたかも雪が積もったように白く見えたという。そのうえ外壁も白漆喰を塗り込めており、全体的に白く輝く白亜の塔となった。新しい世（徳川の世）の始まりを世の中に知らしめる効果を期待したのだろう。

家康がつくった天守の大きさや形状だが、残念ながら正確な記録が見当たらない。ただ、おそらく入母屋屋根に物見櫓を乗せた望楼型天守で、高さは四十八メートル程度。秀吉の大坂城天守の一・五倍はあったのではないかと考えられている。ところが家康の死後、二代将軍秀忠はこの立派な天守を撤去し、元和八年（一六二二）に江戸城に新たな天守をつくっている。こちらのほうは、千鳥破風の美しい層塔型天守であり、家康時代の天守より高さも面積も大きくなったようだ（諸説あり）。さらに三代将軍家光も、父・秀忠の天守を取りのぞき、寛永十五年（一六三八）に新しい天守を建てた。形状は秀忠時代と大きく変わらなかったようだが、高さは五十八・六メートルもあり、壁面も屋根も銅版だったので家康時代とは全く趣がちがってしまった。だが、四代将軍家綱時代の明暦の大火で天守が焼失すると、経費節減のため再建されることはなく、天守台だけが残された。

最大級の超巨大城郭

ここで江戸城の概略を説明しよう。おおまかにいって江戸城の主郭部（内郭）は、本丸、二の丸、三の丸、西の丸、北の丸、吹上の六区域で構成されている。通常、将軍は本丸にある御殿で暮らしていたが、同時にここで政務をとり、さまざまな儀式をおこなった。本丸御殿（一万四千坪）は南北に長く、一番南側が儀式や大名と謁見をおこなう「表」、真ん中部分が政務をとり生活の場でもある「奥（中奥）」、そして北側が御台所（正室）や側室がいる「大奥」である。

とにかく江戸城は巨大な城で、内堀で囲まれた江戸城の主郭部は「一〇メートルを超える高石垣《たかいしがき》で本丸を固め、その上には二重櫓《にじゅうやぐら》、三重櫓《さんじゅう》、多聞櫓《たもん》を配し、要所には城門などの虎口《こぐち》（出入り口）を置いて防御施設とした。主要な郭である本丸や西の丸は一段高い地形に立地し、堀を介して二の丸、三の丸と順次段差を設けた」（後藤宏樹著『歴史文化ライブラリー594　江戸城の土木工事　石垣・堀・曲輪』吉川弘文館）のである。主郭部の規模だが、「周囲約二里（七・八五キロ）、東西二一町（二・二九キロ）、南北一七町（一・八五キロ）、総面積四二四・八ヘクタールである」（前掲書）。もう少しイメージしやすくいえば、江戸城の主郭部（内郭）に大坂城全体がすっぽり入ってしまうサイズで、東京ドームでいえば約十五個分にあたる。

「内郭の周囲には大名屋敷や主要な町人地があり、これを石垣・土塁・水堀からなる外堀が取り巻いている」（前掲書）。江戸城の外郭は極めて広大で、「その周囲は約四里（一五・七キロ）で、東西方向で約五〇町（五・四五キロ）、南北方向で約三五町（三・八二キロ）となった」（前掲書）。現在の隅田川から続く外堀通りの内側は全て当時の外郭にあたり、銀座、神田、九段、市ケ谷、大手町、霞が関などの東京都心部はみな昔の江戸城城内だったのだ。「外郭を含めた江戸城の総面積は二〇八二ヘクタールに及び、秀吉時代の大坂城の五倍程度にもなる我が国最大級の超巨大城郭であった」（前掲書）。その大きさを実感するためには、江戸城の堀を歩いてめぐるのが一番わかりやすい。

ただ、江戸城は内堀（内濠）と外堀（外濠）の区別が明瞭ではなく、江戸城の堀は主郭部（内郭）からカタツムリのように螺旋状（「の」の字）に円を描きながら内堀から外堀へと連結し、やがて外堀は神田川となって浅草橋のわずか二百メートル先で隅田川へと合流している。

江戸府内（外郭の内側）に入るためには、必ず橋で堀を渡る必要があり、橋には防御施設が備えられていた。たとえば、浅草橋のたもとには、浅草橋門とよばれる頑強な城門が江戸城を背にして立っていた。門をくぐると、三方を高い石垣に囲まれた方形の空間があり、そこには番小屋がそびえ、番士たちが武器を持って監視にあたっていた。このような江戸府内へ入る橋を防御する施設を、橋自体もふくめて見附《みつけ》と呼ぶ。いまでも赤坂見附など駅名に残っている。ぞくに三十六見附と呼んだりするが、外堀と内堀あわせると九十二（諸説あり）の見附があったといわれている。

三代にわたる造成事業

江戸城と城下町の造成事業は、家康一代では完成を見ず、秀忠、家光の三代約三十年にわたり、その権力を行使した天下普請という人海戦術で造成されていった。

寛永六年（一六二九）には、小名木川から先にも運河をつくり、江戸と行徳は水路で完全に連結された。新たにつくられた運河を新川（船堀川）と呼ぶ。小名木川と新川の運河は約八・二キロ（二里）。元々は塩の運搬のためにつくられたが、次第に米や新鮮な魚、その他の品々を満載した舟がこの水路から江戸府内に入るようになった。

また、江戸湾に流れ込んでいた利根川の付け替え工事をおこない、太平洋（銚子沖）に流して水害の心配をなくそうとした。家康が着手してから約六十年後、長い工事期間をへて利根川の付け替えが完了。これにより、現在の千葉・埼玉県方面から利根川水系や江戸川水系の舟運が発達。それに加えて、太平洋から利根川を遡ってきた品物も、新川・小名木川を通って江戸へと運ばれるようになった。

家康は江戸の人びとの飲み水を確保するため、川水をせき止めて貯水池（現在の千鳥ヶ淵）をもうけ、さらに井の頭池などの湧水池と神田川をつなぎ神田上水をつくった。その後、武蔵野の多摩川上流から水を引いた玉川上水が完成、江戸の下町を中心に地中の木樋（水道管）が網の目のように張り巡らされた。

こうした長年にわたる大造成事業の結果、江戸の人口は百万を超え、世界最大級の大都市に発展したのである。

家康好みに合わせた駿府城

慶長十二年（一六〇七）、家康は駿府を隠居の地と定めた。伏見城は江戸城と離れすぎているので、京都と江戸の中間地点で、なおかつ、幼少年期の思い出の場所で政務をとろうと考えたのだろう。

前述のとおり、かつて駿府に居城を構えていた家康だったが、関東への国替えによって駿府城は秀吉に接収され、中村一氏の城になっていた。関ヶ原合戦後、中村氏は移封《いほう》となり、譜代の内藤信成（家康の異母弟説あり）が駿府を支配していたが、家康は信成を長浜城に移し、天下普請によって駿府城を新たに大改修したのである。

城の縄張りは輪郭式であった。二の丸が本丸を取り巻き、さらにその二の丸を三の丸が取り巻くという形状である。各曲輪には石垣が巡らされ、三重の堀が囲んだ。「築城工事は、急ピッチで進められ、材木は木曾《きそ》・吉野《よしの》・富士山《ふじさん》から、石材は安倍《あべ》川の支流の藁科《わらしな》川流域から運び込まれた」（加藤理文著『家康と家臣団の城』角川選書）。

ところが、完成したばかりの駿府城本丸が、なんと奥女中による失火で全焼してしまったのだ。しかし、そこは権力者の家康、ただちに再建されたのだった。

駿府城の天守の全体像はよくわかっていないが、「初重は二階建てで廻縁《かいえん》と高欄があり屋根は通常の瓦、二重目屋根は通常の瓦、三〜五重目の屋根は鉛瓦、最上階屋根は銅瓦で軒瓦は金箔張、熨斗瓦と鯱《しゃちほこ》が黄金の豪華絢爛《けんらん》な姿であった」（前掲書）とされる。

漆黒の天守は、江戸城の白亜天守とは対照的な色合いだが、駿府城は公儀の城ではなく、私的な隠居所だから家康個人の好みに合わせたのだという説がある。

この駿府城の天守は東海道から東へ向かっていくと富士山より高く見え、人びとがその威厳に圧倒される仕掛けになっていた。天守の大きさは空前だったが、残念ながら寛永十二年（一六三五）の火事で城内の建物はほとんど焼失してしまい、天守も類焼して以後は再建されなかった。

駿府城の発掘調査

駿府城跡は二〇一六年から六年間かけて発掘調査がおこなわれたが、天守台跡の調査で「従来絵図などで知られていた慶長期の天守台ほか、その内部から天正期の天守台が発見された」（「駿府城跡天守台の発掘調査パンフレット」静岡市ホームページより）のである。さらに「慶長期天守台は大御所徳川家康が天下普請で慶長12年

（1607）より築いたもので、建物である天守は慶長15年（1610）頃完成した。天正期天守台と天守は文献史料（『家忠日記』）から、豊臣家臣となった家康により天正15～17年（1587～89）に築かれたことが判明した」（前掲誌）そうだ。

かなりニュースで話題になったので、覚えている方もいるかもしれない。

「駿府城跡天守台の発掘調査パンフレット」によれば、天正期の天守台の後に慶長期天守台が構築されたので、天正期天守台は上半分が壊れていたが、その内部からは自然石や割石を積み上げた野面積みの石垣天守台が見つかり、その大きさは東西約三十三メートル・南北約三十七メートルで、当時としては最大級であったことが判明した。しかも天守の東側には渡櫓台と小天守台が接続していることがわかった。つまり、連結式天守だったのである。また、天守台中央部分から石積の井戸が見つかったり、近くからは豊臣政権の城（織豊系城郭）を示す金箔瓦が出土しており、家康が豊臣政権の一員（一大名）であることも再確認された。

一方、そんな天正期天守の上に建てられた慶長期天守だが、廃藩置県後、駿府城は陸軍の拠点になっていたので、残念ながら上半分の天守石垣（天守台）は破壊されていた。しかし、基底部の大きさは東西約六十三メートル、南北約六十九メートルもあり、はるかに天正期のそれを上回る規模であった。また、慶長期天守は「四隅に櫓、内部に天守が建てられた環立式天守であった」（前掲誌）ことがわかった。石垣技術も発達しており、「慶長期の石垣は割石の表面が加工され、割石間の隙間に小さな石を詰めた打込接《うちこみは》ぎの積み方」（前掲誌）だった。

最新鋭の巨大城郭

慶長十五年（一六一〇）、家康は新しい城を天下普請でつくり始めた。それが、名古屋城だ。

もともと名古屋の地には信長の城があったが、東海道の重要拠点であるこの場所に豊臣に対する押さえの城を新たに設けたのだ。城地は、北と西が十メートルの崖になっている平坦地が広がり、水害の心配もなかった。名古屋城の縄張りは、戦国時代のように複雑ではなく、直線的でシンプルながら強固な防御力を有するところに特徴があるとされる。城の形状は、本丸を中心として東西に曲輪（二の丸と西の丸、御深井《おふけ》丸《まる》）が配置された梯郭式になっている。それぞれの曲輪間は広大な空堀で区切られて独立しており、狭い土橋によってのみ連結されている。このため、土橋から渡ってくる敵を、本丸などから攻撃して撃退することが可能になっている。

また、たとえ曲輪が一つ落とされたとしても、他の曲輪への侵攻が難しい構造である。しかも虎口には、二重の門の枡形を設けて防御を強化しており、極めて攻略しにくい縄張りなのだ。まさに最新鋭の巨大城郭であり、南側に広大な三の丸、北側の湿地帯が広がり、主郭部に大砲が届かないよう工夫され、重火器や大軍に対応できるようになっていた。本丸に立つ天守も巨大で、姫路城の倍の大きさを有し、壁は三十センチの厚さを持ち、斜めにケヤキ材が入って補強されていた。

家康は名古屋城をつくるにあたり、清洲城下から強制的に町人を移住させ、六万人の城下町をつくり上げた。この大々的な移転事業を清洲越しと呼んでいる。

名古屋城主には九男の義直を入れたが、本丸御殿には城主（藩主）は住んでいない。元和六年（一六二〇）に義直が二の丸に住居と政庁を移し、本丸御殿は将軍が来訪したさいの宿泊施設（御成御殿）としたからである。じっさい、寛永十年（一六三三）に上洛の途上に三代将軍家光が訪れている。このおり、本丸御殿は大増築がおこなわれた。さらに翌年には上洛殿や湯殿書院《ゆどのしょいん》（将軍専用の浴室）、黒木書院などが設けられ、素晴らしいつくりとなった。残念ながら空襲によって本丸御殿も天守とともに焼失してしまった。しかし二〇一八年(平成三〇年)、当時の工法によって復元され、現代にその華麗な姿がよみがえった。

家康の霊廟

名古屋城を築き始めてから数年後、家康は豊臣家を滅ぼした。そのわずか二カ月後、大名(主に西国大名)に対し「城は居城のみに限り、その他の城は全て取り壊せ」という一国一城令を発したのである。これにより、大名は領内の支城を撤去することになり、防衛力は著しく弱体化した。

その翌年の元和二年(一六一六)一月、家康は駿河国田中で鷹狩りを楽しんだが、そのあと榧の油で揚げた鯛の天ぷらを食べて体調を崩してしまう。食中毒だったといわれるが、記録に残る症状から判断すると、胃癌の可能性が高い。本人は寄生虫による病だと盲信して自家薬しか飲まず、三月末になると、もはや回復の見込みがなくなった。秀忠が江戸から見舞いに来たさい、家康は「わが命すでに旦夕《たんせき》にせまれり。この後天下の事は何と心得られしや」(『徳川実紀』)と秀忠に尋ねた。秀忠が「天下は乱るゝ」(前掲書)と即答したので、大乱への備えができていることを知り、家康は

「ざっと済(す)みたり」（前掲書）（やるべきことは、やり遂げた）と安堵の表情を見せたという。四月十七日、いよいよ家康は重篤になった。ここにおいて側近の本多正純を招き、「秀忠に早く参れと伝えたが、もうそれに及ばない。私が亡き後も武道をおろそかにするな」と伝え、それ以後、家康は声を発することができなくなり、近侍する榊原清久の膝を枕にして息絶えた。七十五歳であった。

遺体はその夜のうちに久能山に移された。家康は「葬儀は芝の増上寺で執りおこない、位牌は三河の大樹寺（歴代松平家の墓所）におさめ、一周忌を過ぎたら日光山に小さき堂をつくり、勧請せよ」と遺言していた。秀吉同様、家康も神になろうと考えていたのだ。翌元和三年（一六一七）二月、朝廷から家康に東照大権現の勅号が与えられ、三月、神となった家康に正一位が授けられた。

家康は没した翌年、日光山に神として祀られたが、霊廟（日光東照宮）の縄張りは、築城の天才で家康のために徳川の城を多く手がけた寵臣の藤堂高虎が担当した。

築城者

池田輝政《いけだてるまさ》

◇築城の特徴

自身の築城術を息子の利隆、忠雄にも伝授。
優秀な職人選びが得意。

出身地　尾張国清洲（現在の愛知県清須市）

生　誕　永禄7年（1564）

死　去　慶長18年（1613）／享年50歳

主な築城歴

築城内容　白色にこだわり、豊臣系の大名や大坂城をけん制。徳川系の大名として、立場を明確にする。

城名　**姫路城**

主要城主　木下家定、池田輝政、池田利隆、本多忠政、松平忠明、榊原忠次、酒井忠恭

城の概要　築城年／正平元年（1346）築城、天正8年（1580）天守閣を築く、慶長6年（1601）改築　城地種類／平山城　敷地面積／内曲輪以内面積23ha　外曲輪以内面積233ha　高さ・階数／石垣14.85m、建物約31m、5重6階地下1階（いずれも大天守）　所在地／兵庫県姫路市

※築城年は築城開始年。

義父・徳川家康

白鷺城とも呼ばれる姫路城は、日本のなかで最も人気のある城といっても過言ではない。美しい白壁と鉛瓦の建物群は非常に優美であり、国内で真っ先に世界遺産に登録されたのも納得できる。

もともと姫路という場所に城をつくったのは、南北朝時代に活躍した赤松氏だとされ、その後、小寺氏が姫路城を拠点とするようになり、やがて家臣の黒田重隆がこの城を預かるようになった。そんな重隆の孫が有名な黒田官兵衛孝高である。別項で述べたとおり、官兵衛は羽柴秀吉に姫路城を差し出し、秀吉は毛利攻めの拠点として総石垣つくりの城に大改修し天守を建てたのである。本能寺の変後、姫路城主は羽柴(豊臣)秀長、木下家定と変わり、関ヶ原合戦後に池田輝政が入城した。そしてこの輝政が、現在の壮大な姫路城の大部分をつくり上げたのである。

輝政は、恒興《つねおき》(信輝)の次男として永禄七年(一五六四)に生まれた。恒興の母・養徳院が信長の乳母だったことから、恒興は信長と乳兄弟として育ち、やがて織田家の重臣に成り上がった。本能寺の変後は秀吉に協力したが、天正十二年(一五八四)、小牧・長久手の戦いで長男の元助(之助)とともに壮絶な戦死を遂げてしまった。

そのため急きょ次男の輝政が池田家の遺領を相続することになり、大垣城主（十三万石）となった。このとき、まだ二十一歳であった。翌年、輝政は大垣城から岐阜城へ移り、以後は秀吉に従って九州征討、小田原攻め、奥州平定などに参戦。天正十八年に三河国吉田で十五万二千石を賜っている。

慶長三年（一五九八）に秀吉が没すると、豊臣政権に亀裂が生まれる。このとき輝政は迷うことなく家康に加担した。家康が義父だったからである。文禄三年（一五九四）、輝政は秀吉の仲介で家康の二女・督姫を妻に迎えていた。二人はともに再婚であった。かつて輝政は、茨木城主・中川清秀の娘・糸子と結婚していたが、彼女は利隆（輝政の長男）を産んだあと精神的な病になって実家へ戻りそのまま離縁となった。

一方の督姫も、家康が小田原北条氏と和睦を結んださい当主の氏直に嫁したが、北条氏が秀吉に滅ぼされたので、家康のもとに戻っていた。輝政・督姫夫妻は仲が良く、五男二女をもうけた。すでに関ヶ原合戦以前に、二人の間には忠継（輝政の次男）が誕生していた。忠継は家康の孫（外孫）にあたる。そういった意味で輝政は、徳川家の親族だったわけだ。

西国将軍

慶長五年（一六〇〇）六月、家康は豊臣政権に逆らう会津の上杉景勝を成敗するため、大坂から大軍を率いて東海道を東へ向かったが、このとき輝政は吉田城に家康を迎えて饗応《きょうおう》し、自分も嫡男の利隆と弟の長吉を連れて征討軍に身を投じた。

遠征中の七月二十四日、石田三成の挙兵が伝わると、諸将は家康に味方することを誓い、上方を目指し引き返していくが、輝政は福島正則とともに先鋒大将となった。なお、家康に味方した駿河・遠江・三河・尾張四国の大名たちは、徳川方に人質を差し出したが、彼らは輝政の吉田城に留め置かれている。

八月二十一日、西軍（三成方）の織田秀信の拠る岐阜城を攻撃するため、東軍（家康方）の軍議が開かれ、大手の大将に正則が、搦手の大将に輝政が任じられた。

大手軍と搦手軍は、同時に木曽川を越えて岐阜城の攻撃を始めることを取り決めた。ところが当日、織田軍に遭遇した輝政はそのまま戦闘状態に入り、正則に連絡せずに木曽川を渡って城下まで攻め入ってしまった。輝政は敵の首七百余を奪う活躍をみせ家康から感状をもらうが、正則は輝政の違約に怒り、「翌日の城攻めは自分の部隊だけでおこなう」と述べ、軍監（戦目付）の井伊直政と本多忠勝（ともに家康の直臣）、そして輝政に了承させた。

ところが戦闘が始まるや、輝政は約束を無視して正則と先陣争いを演じ始めたのだ。激怒した正則は、民家に火を放って池田軍の行く手を阻んだという。しかし岐阜城はかつて輝政の居城。その構造を熟知していた輝政は、長良川へ迂回して城中へ攻め入って天守を占拠、岐阜城を陥落させたのである。

戦後、どちらが城を接収するかで正則と輝政は争い始めた。すると井伊直政と本多忠勝が仲介に入り、「あなたは家康の婿ではないか」と輝政をなだめ、正則に城を治めさせたという。このように輝政は、血の気にはやる猛将だった。

関ヶ原合戦当日、輝政は南宮山に陣する毛利秀元・吉川広家の押さえとして後陣を命ぜられた。広家は東軍への内応を約束していたので、輝政が戦いで活躍できる見込みは薄かった。不満に思った輝政は、家康に「敵の総大将・石田三成と戦わせてほしい」と申し入れたが、家康は「私も後陣にいる。どうかわかってくれ」と述べたので、しぶしぶ承知したとされる。

結局、関ヶ原合戦で輝政の出番はなかったが、戦後の論功行賞では三河国吉田十五万二千石から播磨一国五十二万一千石へと領地は大幅にアップした。家康が輝政に播磨を与えたのは、西国の外様大名や大坂城の豊臣氏を押さえるためだったとされる。

論功行賞では、輝政の弟・長吉も六万石を与えられ、鳥取城主となった。さらに慶長八年（一六〇三）に輝政の次男・忠継（家康の孫）に備前一国（二十八万石）が与えられ、さらに同十五年、三男忠雄に淡路国六万三千石が付与された。忠継も忠雄も幼年だったため、実質的に三国は輝政の支配するところとなった。そうしたことから、人びとは輝政を「西国将軍」と呼んだが、これは徳川のために西国を押さえる武将という意味に加え、東国の徳川将軍に対する西国の征夷大将軍という意味も込められていたという。

真っ白に塗装された天守

輝政は播磨支配の拠点を姫山の姫路城に定め、慶長六年（一六〇一）から城の大改修を開始した。秀吉時代の建物を取り除き、新たに城の縄張りを定め、高石垣（最大約二十三メートル）を積み上げて壮大な城をつくり始めた。とはいえ、秀吉時代のものを全て排除したわけではない。西の丸や三の丸は山を削って平坦地を新たにつくりだしたが、このほかは秀吉時代の設計をかなり踏襲し、かつての建物の材木も転用している。また、上山里下段の石垣が野面積であることから、秀吉時代の石垣をそのまま用いたようだ。

姫路城の縄張りは、内堀、中堀、外堀に囲まれた、らせん状の形になっている。

こうした縄張りは、姫路城のほか江戸城にしかない。敵兵が城主の籠もる本丸へ攻め込むには、大きく左回りで進んでいかなくてはいけない。

ちなみに、一般的に姫路城と考えられている場所は、三重の堀のうち一番内側の堀（内堀）に囲まれた部分である。この主郭部（内郭）は本丸、二の丸、三の丸、西の丸で構成され、本丸には高さ約三十一メートルの壮麗な大天守（五重六階）がそびえている。まさに姫路城のシンボルであり、防御の要ともいえる。

大天守は、周囲を見渡せる見晴らしの良い位置にあり、大天守を補完する形で三つの小天守（西小天守、乾小天守、東小天守）や渡櫓などがいくつも配置され、全体として強固な防御力を発揮している。こうした天守を連立式天守と呼ぶ。

姫路城の連立式天守は、白漆喰で真っ白に塗装され、千鳥破風や軒唐破風の配置がまことに巧緻で美しく、見る者を感嘆させる。おそらく、山陽道を通って大坂城の豊臣秀頼のもとへ伺候する西国大名たちは、この壮麗な連立式天守を目の当たりにして圧倒されたことだろう。とくに漆黒の豊臣系の城に対し、純白の徳川系の城は異質なので、新しい時代の到来を実感させたに違いない。

姫路城内の各所に配置された二十七の櫓（当初は四十三の櫓があった）は、敵の侵入や攻撃を監視し、防御するための重要な拠点であった。姫路城の場合、城内のどの位置からでも効果的な防衛が可能になっている。また、郭内には土塀を枡形に囲んだ武者溜まりと呼ぶ、兵士の待機場所が複数あり、緊急時は迅速に兵を繰り出せる仕組みになっていた。

たとえ姫路城の主郭部へ侵入できたとしても、堅牢な石垣や諸門（櫓門、高麗門、埋門）に侵入を阻まれ、そこを無理に進もうとすれば、白壁に開いた無数の狭間から矢や弾丸が飛んでくる。このように本丸、さらにはその要である天守へは、容易に到達できない頑強で複雑な構造になっているのだ。

姫路城天守に棲む妖怪

八年の歳月をかけて、美しい大城郭をつくり上げた輝政だが、城の完成からわずか二年後の慶長十六年（一六一一）に中風（脳卒中など）にかかってしまう。いったんは回復し、家康の駿府城や将軍秀忠の江戸城を訪れるまで元気になったが、翌々年の慶長十八年（一六一三）一月、急死した。中風の発作が要因だと思われるが、吐血したという記録もあり、毒殺の疑いもあるそうだ。

そんな輝政の病については、奇怪な伝説が残っている。

姫路城天守に棲む妖怪の仕業だというのだ。現在も姫路城天守の最上階には、刑部大神（小刑部大明神）を祀る祠（刑部神社、長壁神社）がある。

輝政が姫路城をつくる以前から、天守にはこの祠が置かれ、歴代城主によって崇拝されてきた。それは、城主たちが刑部大神のたたりを恐れたからだという。

もともとこの神は、おさかべ姫という人間（女性）であった。井上内親王（聖武天皇の娘）と刑部親王（天武天皇の子）が不倫して生まれた子で、二人が死ぬと姫は妖怪に変じ、いつか姫路城天守に棲むようになったと伝えられる。

この刑部大神に宮本武蔵が出会ったという逸話がある。

木下家定が姫路城主のときのことだ。若き武蔵は木下家に仕えていたが、あるとき主君の家定から天守に棲む妖怪退治を命じられた。そこで勇気をふるって天守で夜を明かしたが、しばらくすると突如十二単の女性が現れ、「私はこの城の守護神刑部大神だが、お前が来たおかげで妖怪が逃げ去った」と喜び、武蔵に宝剣を手渡してかき消えたのだ。武蔵は事の次第を述べて宝剣を見せたが、それは以前盗まれた木下家の家宝であったため、武蔵は木下家から盗人の疑いを受けたという。おさかべ姫が武蔵を罠にはめようとしたのだろう。

輝政は姫路城をつくるさい、そんな刑部大神の祠を別の場所に移転した。だが、ようやく天守ができた年から怪奇現象が続発するようになり、それが刑部大明神の仕業ではないかと噂されるようになった。

そんなある日、城中で輝政あての奇妙な書簡が発見された。差出人は「播磨あるじの大天神とうせん坊」と「みやこ二条のせんまつ」と称する天狗からだった。

その手紙には、「輝政には、岐阜城主時代から遠江の四りん坊の呪いがかかっており、その四りん坊が九りん坊を誘って城内に入ろうとしている。これを防ぐには、城内の鬼門に八天塔を建て、祈祷せよ」という内容が、五、六十枚の紙にびっしりと書き込まれていたのだ。

ところが輝政は、「そんなものは放っておけ」と相手にしなかった。それからしばらくして輝政は、中風の発作で倒れたという。だから家中では、「輝政の病はかつて天守にあった刑部大神の祠を他所に移した罰だろう」とうわさしあったが、円満寺の僧明覚に鑑定してもらったところ、八天塔を建立しなかった罰であることがわかった。そこで池田家では、刑部大神の祠を元の天守へ戻すとともに、八天塔を建てた。すると、輝政の病状は急速に回復したという。

じつはこの刑部大神（刑部姫）の話は、諸書によってさまざまなバリエーションがあるが、大まかにはこのような内容になっている。

姫路城の七不思議

こうした奇妙な話は、たいてい一つや二つ、城には伝わっているものである。姫路城にも今の話を含め、七不思議（じっさいには七つ以上ある）が残っている。

せっかくなので、いくつかを紹介しよう。

姫路城本丸のすぐ南、上の山里と称する台地に直径三メートルもある古井戸がある。かなり大きいので、姫路城を見学した方は印象に残っているはず。かつてお菊という娘が惨殺され、この井戸に投げ込まれたことからお菊井戸と呼ぶそうだ。井戸からは時折、幽霊と化したお菊の声が聞こえるという。一枚、二枚、三枚とか細い声で数を数え、九枚目に来ると悲しそうにすすり泣き、ふたたび一枚から数えなおすという。

今から五百年以上前の永正年間、まだ姫路城主が小寺則職の時代の話である。小寺氏の家老・青山鉄山は、主家の乗っ取りをたくらんでいた。これに対し、同じ家老の花房常秀は企みを察知し、お菊という娘を鉄山の屋敷に住み込ませ、情報を収集させていた。しかし結局、小寺則職は鉄山に姫路城を奪われ、お菊も間者であることがばれてしまう。

すると鉄山は、姫路城奪取の祝宴に小寺氏家宝の皿十枚を使用するが、宴後、それを一枚隠し、わざとお菊に皿を片付けさせ、足りないのをお菊のせいだとしてさんざん拷問にかけたうえ、最後は斬り殺して例の井戸に投げ込んだのである。それからというもの、毎夜皿を数えるお菊の声が、井戸の底からこだまするようになったという。

この話は播州皿屋敷として、昔からこの地方で語り継がれている。ただ、皿屋敷の物語は全国各地に散在する。内容も時代もそれぞれ違うが、どういうわけか、被害者の名がお菊、古井戸から皿を数える声というのだけは共通している。皿屋敷で最も有名なのは、やはり江戸の旗本屋敷を舞台にした番町皿屋敷だと思うが、いったいなぜ、同じような物語がたくさんあるのか、それこそが一番不思議である。

ちなみに、お菊井戸には水がなく、底から水平に抜け道が掘られ、城外の岩窟につながっていると伝えられてきた。抜け穴がばれぬよう、幽霊物語をこしらえて人が近づくのを防いだという話もある。ただ残念ながら調査の結果、抜け穴は発見されなかった。

続いて、天守にまつわる不思議を紹介しよう。

「東かたむく姫路の城は　花のお江戸が恋しいか」

これは昔、城下でうたわれた俗謡だ。歌詞の内容は、天下の姫路城の五重天守が、東に傾いてしまっているというもの。果たしてそんな馬鹿なことがあるのだろうか。

実は、あるのである。昭和の大修理のさい、天守の傾斜を調べたところ、なんと東南側に五十センチほど傾いていることが判明したのだ。

これは、地盤沈下が原因だとされる。天守は姫山東端に位置するが、これを築くさい、敷地が不十分だったので、東南側に盛り土をして広さを確保したのだ。そのため、盛り土をした地域が沈み始め、天守が東南へ傾いてしまったのである。そこでの天守解体修理のさい、コンクリートを流して補強したので、現在は傾斜していない。

そんな天守の傾きについて、悲惨な伝承が残っている。

天守の作事責任者である大工の桜井源兵衛は、完成してまもなく妻をともない上へのぼった。というのは、天守が傾いている気がして仕方なかったからだ。

そこで天守に妻をのぼらせ「傾いていると思うか」と問うた。妻は正直に「そう思います」と答えた。すると源兵衛は「素人のお前にもわかるか」と落胆し、後日一人で天守にのぼり、口にノミをくわえ飛び降りて死んだと伝えられる。責任を痛感しての自殺だったのだろう。

ただ、この話が史実とは思えない。いくら責任者だからといって、勝手に大工が女房を天守にともなったり、自由に一人で出入りできるはずがない。源兵衛の死が事実なら、むしろ他殺の可能性が高い。城の内部構造、とくに極秘部分にたずさわった大工や職人が殺されたという逸話は各地に残っている。それに源兵衛が他の大工と生き埋めにされたという伝承もあり、その場所が埋門だといわれている。

ちなみに姫路城清水門の外、中堀と船場川を分ける外郭の土塁上に二メートルあまりの石碑が立つ。碑の表に記されてあった文字は、摩滅して読みとることができないが、伝承では源兵衛の墓石だと伝えられる。だが、果たして天守の設計に失敗して自殺した職人の墓を建てるだろうか。墓石を建立してから源兵衛の魂はよく城を守護したというが、この石、そもそも墓石の形状をしていない。城下の旧家に残る文書によれば、元禄時代、船場川改修工事の竣工記念に清水門外に石碑を建てたもので、誰かが勝手に源兵衛の墓石だと語るようになったようだ。

最後の姫路城主

さて、輝政が五十歳で亡くなると、輝政の嫡男（長男）・利隆が家督を相続した。ところがわずか三年後、利隆は若くして亡くなってしまう。嫡男の光政はわずか八歳、幼児に西国の要である播磨は任せられないと判断した幕府は、池田家を鳥取城へ移封してしまった。領地は播磨から因幡・伯耆二国になったが、石高はあわせて三十二万石、播磨時代から十万石の減封となった。

こうして池田氏は、三代十七年で姫路城を去り、代わって譜代の本多忠政が城主となった。忠政は徳川四天王・忠勝の嫡男として生まれ、父の隠居後、その領地を踏襲して桑名城主となった。大坂の役での戦功に加え、嫡男の忠刻が千姫と結婚したので、今回、姫路に栄転となったという。

周知のように千姫は豊臣秀頼の正室で、大坂落城のさい城から救い出された。

千姫を忠刻の妻にと願ったのは、忠政の妻で忠刻の生母・熊姫だった。熊姫も千姫同様、家康の孫（松平信康の娘）だが、婚家の本多家と将軍家の結びつきを深めたいと考え、祖父の家康に懇願したらしい。

忠勝が他界したあと、忠政は弟の忠朝と相続争いになり、結局、忠政が全てを継承したが、このおり、潔い忠朝の態度に感服した家康は「忠朝のほうが忠勝に似ている」とほめた。これに忠政・熊姫夫妻は、危機感を抱いたようだ。

家康は熊姫の願いを聞き入れ、元和二年（一六一六）九月、夫・秀頼の喪もあけないうちに千姫は忠刻のもとに嫁いだ。本多家には十万石という莫大な千姫の化粧料（持参金）が入り、翌年、忠政は桑名十万石から姫路十五万石へ移封する。

いまも姫路城の西の丸に残る化粧櫓は、千姫の居間として、彼女が持参した化粧料で建てられたもの。このとき忠政は、西の丸を高石垣で囲む大改修をおこなっている。化粧櫓の居室は全て畳敷きである。当時としては贅沢であり、壁や襖も極彩色の花鳥が描かれ、絢爛豪華な雰囲気を醸し出していた。また忠政は、三の丸に新たな御殿を創建している。

忠刻と千姫の夫婦仲はよく、千姫は元和四年に勝姫を生み、翌年に再び懐妊し、男児（幸千代）を出産した。ところが元和七年、幸千代は三歳で夭折してしまう。豊臣秀頼の祟りとの噂が立ったので、千姫は元和九年に伊勢慶光院の周清上人《しゅせい》に秀頼の供養を依頼。周清は、千姫が所持する秀頼の直筆（南無阿弥陀仏の名号）を観音像の胎内に納め、男山山麓の祠（現・男山千姫天満宮）に安置した。千姫は化粧櫓の西窓から毎日この祠を遥拝したという。けれども、その後も千姫は流産を繰り返し、三年後には夫の忠刻が三十一歳で早世してしまった。本多家は忠刻の弟・政朝が嗣ぐことになり、千姫は姫路城を去って江戸へ戻った。その後は吉田御殿に住み、道行く男を屋敷に招き入れ、性交のあと男を殺して井戸に投げ捨てたという伝承が生まれるが、もちろんそれは後世のつくり話。

千姫は江戸城内の竹橋御殿に住んでおり、一般人が通行できるところではない。史実の千姫は、剃髪して天樹院と称し、一人娘の勝姫を立派に育て上げ、寛文六年（一六六六）に七十歳で死去した。

ちなみに姫路城主は本多氏のあと、松平氏、榊原氏とたびたび変わり、最後は酒井氏が明治までの百二十年以上、姫路城を支配し続けたのである。

築城者

山本勘助《やまもとかんすけ》

◆築城の特徴

信州に多くの武田家の城を築いた築城の達人。
資料が少なく、謎多き人物。

出身地　三河国宝飯郡牛窪（現在の愛知県豊川市）
生　誕　明応2年（1493）頃
死　去　永禄4年（1561）頃／享年69歳頃

主な築城歴

築城内容　武田信玄が高遠氏から奪った城を大改修。

城名　**高遠城**

主要城主　高遠頼継、武田信廉、仁科盛信、保科正直、内藤清枚

城の概要　築城年／不詳、天文16年（1547）頃に改修　城地種類／平山城　所在地／長野県伊那市

※築城年は築城開始年。

築城内容 武田信玄から、整備を命じられる。馬場信房と共に拡張。

城名 **小諸城**

主要城主 武田氏、徳川氏、松平氏、酒井氏、牧野氏

城の概要 築城年／天文23年(1554)築城、慶長年間(1596-1615)改修　城地種類／平山城(穴城)　所在地／長野県小諸市

武田信玄の軍師

「人は城、人は石垣、人は堀、情けは味方、仇は敵なり」(『甲陽軍鑑』)

この言葉は武田信玄が語った言葉として、あまりにも有名だ。その意味するところは、城や石垣よりも家臣団の和が大切であり、頼りになるのは人の心だということ。そしてじっさい信玄は、領内に城郭を築かなかったといわれてきた。だが、それは史実ではない。合戦に勝利して新たな領地を獲得すると、信玄は旧領主の城を収公し、あるいは新たに城郭を築き、重臣たちに守備させて支配を強固なものにしてきた。

それに本国の甲斐にも城を持っていた。

信玄は父・信虎がつくった躑躅《つつじ》ヶ崎館に居住していたが、高低差十メートル近くの土塁や堀で囲まれた、城といってもよいつくりだった。また、敵襲のさい躑躅ヶ崎館から裏手の丸山へ逃げ込む手筈ができていた。しかもこの丸山(標高七七五メートル)、遺構が六百五十メートルにわたる立派な城郭なのだ。積翠寺《せきすいじ》(寺院)が麓に位置することから、積翠寺要害城などと呼ばれている。この城を築城したのは信虎だったが、信玄の時代にも城代として駒井次郎左衛門を配置したことが判明しており、大規模な改修工事もおこなっている。

実は信玄は、この城で生まれている。大永元年（一五二一）秋、駿河の今川氏の重臣・福島正成率いる一万五千人が甲斐に侵攻してきた。武田家存亡の危機であった。このおり信虎の夫人・大井氏は、躑躅ヶ崎館からこの積翠寺要害城に避難。彼女はちょうど妊娠中で、十一月三日、城内で男の子を出産した。それが、後の信玄だった。信玄誕生の同時刻、信虎は苦戦のすえ福島正成の首をあげたので、戦の勝利を祝し、生まれた嫡男に勝千代と命名したという。

今回紹介する築城の名人・山本勘助（介）は、そんな武田信玄の軍師として活躍した人物である。

八十日で城をつくる

勘助は明応二年（一四九三）、三河国牛窪（牛久保）で誕生したと伝えられる。父は三河の地侍・山本貞幸だったといわれる。勘助は若い頃から各地を巡って戦術や築城術を学び、あらゆる軍略に秀でるようになった。そこで、小田原北条氏や駿河の今川氏に仕官しようとするが、望みはかなわなかった。理由は、その容姿にあった。足や片目、手の指が不自由で、背が小さいうえ色黒で、ひどい醜男だったのである。しかし信玄は、勘助の才を認め、家臣に登用した。五十歳を過ぎていた勘助だったが、以後は水を得た魚のように信玄に数々の秘策をさずけ、領国の拡大に寄与した。小諸城、高遠城、岩殿城、茶臼山城の縄張りを手掛けたのも勘助だといわれる。

周知のように、武田信玄は信濃国川中島で何度も越後の上杉謙信と戈《ほこ》を交えたが、最大の激戦は永禄四年（一五六一）の合戦だった。この前年、勘助は信玄のために川中島に新城の縄張りをおこなった。三方を山に囲まれ、西側に千曲川が流れる要衝地であった。これが海津城だ。『甲陽軍鑑』によると、普請や作事は川中島の国衆（有力武士）たちが担ったが、勘助は上杉謙信との対決が近いのを想定し、わずか八十日間で城をつくり上げたという。海津城の城将には、高坂弾正昌信が任じられた。

いまの海津城跡には、当時の縄張りが残っていない。武田滅亡後、秀吉の家臣・森忠政、次いで家康の息子・松平忠輝が入って改修をおこない、その後、真田昌幸の子・信之が城主となり、近代城郭に改変したからである。ちなみに三代藩主の真田幸道のとき、城名を松代城と改めている。

啄木鳥の戦法

海津城の完成を知った謙信は、城を落としてしまえと越後から兵一万三千を率いて出陣、海津城から二キロ離れた妻女山に陣をしいた。

信玄も甲斐から二万の大軍を率いて海津城へ入った。

このとき信玄は、勘助の献策にしたがい「啄木鳥の戦法」を断行した。啄木鳥が幹を突き、音に驚いて反対の穴から飛び出してきた虫を捕らえる行動に倣った戦術だ。

信玄は二万のうち別働隊一万二千人を密かに大きく迂回させ、妻女山の上杉軍を背後から突き、驚いて上杉軍が山を下ってくるのを本隊で待ち伏せしようとした。

しかし、別動隊が妻女山に達したとき、上杉の陣地はもぬけの殻だった。謙信が事前に武田の動きを察知し、すでに妻女山を出立し武田の本隊へ向かっていたのだ。

このとき武田の本隊は八千人。対して目の前に現れた上杉軍は一万三千人。

予期しない上杉軍の出現で武田本隊は混乱し、武田信繁、両角豊後守ら有力武将が戦死してしまった。勘助は作戦失敗の責任を痛感し、「上杉軍の動きを阻止します」と深く信玄に一礼し、馬に乗って敵陣へ突撃して壮絶な最期を遂げたという。

まもなくして武田の別動隊が戻り、上杉軍の背後を衝き始めたことで、ようやく謙信は兵を引き、信玄は危機を脱することができた。

創作された軍師

こうした勘助の行動が詳しく記されているのが『甲陽軍鑑』である。江戸時代初期に成立した、信玄の活躍を記した軍記物語（二次史料）だ。ただ、一次史料（当時の手紙、日記、公文書など）では、山本勘助の痕跡は見当たらないのだ。

そんなこともあって、勘助は『甲陽軍鑑』が創作した軍師だと考えられるようになった。たとえば、すでに元禄時代の松浦鎮信が著述した『武功雑記』には、「『甲陽軍鑑』は関山派（京都妙心寺派）の僧侶が書いたもの。しかも彼は勘助の子なので、信玄関係の反故紙をもとに親の業績を飾り立てたのだ」と述べている。

ところが昭和四十四年（一九六九）に一次史料（当時の手紙、日記、公文書など）が発見されたことで、その認識に変化が生じた。北海道釧路市の市川良一氏が所有する書状が鑑定され、信玄に属した北信濃の武将・市河藤若へ宛てたものと判明。うち一通に「山本菅助」という名が記されていたのである。

弘治三年（一五五七）のものと推定され、手紙の末尾に「詳しいことは山本菅助に聞いてほしい」という意味の文言があり、信玄の伝令役を果たしていたことがわかる。「勘助」と「菅助」では字が違うが、共に「カンスケ」と発音するのは間違いない。昔の人はあて字をよく使う。いずれにせよ、信玄の部下に「ヤマモトカンスケ」なる人物がいたことが証明されたのだ。とはいえ、軍師や重臣として勘助が活躍したことを示すものではない。

ちなみに近年、史料的価値が低いとされた『甲陽軍鑑』が再評価されるようになっている。従って、同書における勘助の功績も史実を反映したものなのかもしれない。

そんな『甲陽軍鑑』品二十五には、信玄が勘助に城に関して下問した会話が掲載されている。意訳して紹介しよう。

勘助は信玄に対し、「私は城の縄張りについて詳しく学んでいます。関東では太田道灌の手法が専ら用いられていますが、ずいぶん昔の人なので、正確にその築城術は伝わっておりません。じっさい、掘ってはいけない場所に堀をつくり、つくってはならないところに土居を設け、柵木や塀をかけたりしています。このほか櫓、廊下、橋など、少しも理解している者がいません」と述べたのだ。

これを聞いた信玄は、「籠城する側にとって良い城は、攻城軍が攻めにくい城だ。

そんな籠もるに都合良く、攻めにくい城は存在するか」と質問した。

するとと勘助は、「馬出を設けることです。馬出というものは、城郭設計の眼（中心）。これをうまくつくれば、敵に包囲されても城内から安全に兵を出すことができ、逆に攻め手にとって近づきにくいもの。とにかく、城の設計や構造がしっかりしていれば、千人籠もるべきところを五百人に減らしても落ちない。逆に縄張りが優れていなければ、五百人で籠もる城に一千五百人が入ったとしても、その人数は役に立たず、大いなる損となるでしょう」と答えた。これに感心した信玄は、すぐさま重臣の馬場美濃守信房を呼び、勘助の築城術を学ばせたという。

武田流築城術

会話の中に登場する馬出だが、これは、城の虎口（出入口）を守るため、虎口の前面につくった小さな曲輪のことである。

勘助が考案したとされる武田流築城術は、馬出のなかでも「丸馬出」を多用したことが大きな特徴だ。丸馬出とは、虎口の前面に築かれた半円形の小さな曲輪のこと。そして、丸馬出を防備するため、その手前に三日月形の堀が備えられた。

もう一つ、武田流の特色が、長大な横堀による城斜面の防衛である。この長横堀に竪堀や堀切（尾根を大きくVの字に削り、敵の侵入を防ぐ）を組み合わせ、防備を高める工夫をおこなった。たとえば保存状態の良い平瀬城跡は、「尾根に沿ってほぼ一直線に縄張りがほどこされており、地形はややカーブしているが、全長およそ八百mに及ぶ大城郭」（中田正光著『戦国武田の城　武田戦略と城塞群の全貌』有峰書店新社）で、「改修した部分が明瞭で、弱いと思われる地形に対して徹底的に手を加えて」おり、「竪堀と横堀を同時に使い分け、必要なところにのみ使用し、むだな工事をいっさい省くという方法を取り入れている」（前掲書）そうだ。また、「城域を長く取り入れたために、寄せ手の侵入は比較的取り付きやすくなってしまう。この問題を解消するために、長い地域に対応して長い横堀を設けたのである。この横堀は途中から二重となって徐々に登ってゆく」「このように曲輪自体を取り囲むのではなく、長い城域を確保するために横堀をめぐらすというやり方は、あまり他に例がない」（前掲書）とする。

なお、近年の研究では、山本勘助や武田信玄の時代には、まだ武田流築城術は完成しておらず、勝頼の時代に広大な領地を守るために生み出されたと考えられている。

高天神城の兵を見殺しにする

そんな勝頼が大改修した城のうち、代表的なものが高天神城《たかてんじんじょう》である。

「高天神を制するものは遠州（遠江国）を制する」といわれた要の城で、標高百三十二メートルの鶴翁山《かくおうざん》に位置する山城だ。もともと今川方の城だったが、のちに家康が支配するようになった。

武田信玄は大軍で徳川領の遠江国へ押し寄せ、二俣城など徳川方の城を次々落としていったが、高天神城については城下に押さえの兵を置いただけで攻撃しなかった。力攻めで落とすのは不可能だと考えたからである。

信玄も落とせなかった城を、天正二年（一五七四）五月に勝頼は二万五千人の兵で囲んで激しく攻撃した。家康は単独ではかなわぬため、信長に援軍を要請したが、なかなか到着せず、城主の小笠原長忠はついに降伏してしまった。

高天神城を手に入れた勝頼は城を改修し、横田甚五郎尹松《ただまつ》を城代として入れた。

中田正光氏によれば、高天神城の強さは、「一城別郭の縄張り」（前掲書）にあるという。高天神「城は二つの峰を中心に、そこから派出する尾根にかけて遺構を残している。特徴としては、東西を半分にして見た場合、東側が古く、西側が新しく防衛機能がすぐれている。東側にも武田氏が手を加えたとみられる部分も」（前掲書）あり、馬出もつくられている。このように東西の二つからなる城なので、「一方が落ちればもう一方が救援するといった防衛方法を採用しているために、息の長い城であった」（前掲書）と評している。

また、高天神城の曲輪の斜面は、切岸になっている。切岸とは、山腹を削って険しい崖としたものをいう。とくに高天神城の切岸は、垂直に近い傾斜だ。さらに横堀がいくつもあり、総延長百メートルを超える横堀遺構も残っている。まさに勝頼の改修によって堅城となった高天神城だったが、要の城（高天神城）を取り戻したい家康は、横須賀城、小笠山《おがさやま》砦、三井山砦など六つの付け城を築いて奪う機会をうかがった。

勝頼も城将を勇猛な岡部丹波守真幸と交代させ、守備を堅くさせた。だが、次第に高天神城の情勢が不利になり、城将の岡部は勝頼に後詰を求めた。しかし勝頼も各地で戦いを繰り広げており、救援に向かう余裕がなかった。

結果、高天神城では食料が尽き、岡部は仕方なく家康に降伏を申し入れた。ところが家康は、その申し出を拒んだのである。信長の命令だったという。

勝頼が援軍を送れないまま、高天神城が飢えて全滅すれば、武田の家臣や配下の国衆たちが勝頼に愛想を尽かし、武田家は自滅すると考えたのだ。

このため絶望した岡部は、天正九年（一五八一）三月、城門を開いて城兵と突撃を敢行、全員が壮絶な討ち死にをとげた。高天神城の兵を見殺しにしたことで、勝頼に対する家中の不信感が一気に広まった。領内で織田・徳川・北条連合軍が侵攻してくるという噂が流れると、勝頼は躑躅ヶ崎館では敵を防ぎきれないと判断、韮崎に新城（新府城）をつくらせ天正九年（一五八一）十二月に転居した。が、無理な城普請が重臣たちの不満を招き、翌年、あっけなく信長によって滅ぼされてしまったのである。

ちなみに別項で述べたように、家康は勝頼の生前から武田流築城術を積極的に導入して城をつくるようになった。近年、武田氏がつくったと考えられていた城の多くが、徳川方の手になるものであることが判明しつつある。

おわりに

「武将、城を建てる」と題して、本書では十名の城名人の城づくりや城の発注について語ってきたが、最後に「武将、城を壊す」というテーマで本書を締めたいと思う。

戦国時代はその名のとおり、あちこちで戦が起こっており、領地を守り生き残る必要から、戦国武将の領内には多くの城が築かれた。一説には、大小あわせて二万とか三万（諸説あり）の城や砦が存在したといわれる。主な城だけでも三千もあったという。しかし、元和元年（一六一五）に江戸幕府が一国一城令と武家諸法度を出し、大名に居城以外の破却を命じ、新規の築城を禁じたことで、城は約二百に激減してしまった。

戊辰戦争が終わると、明治政府に城の取り壊しを申し出る藩（大名家）が相次いだ。本文で述べたように熊本藩もその一つだ。このほか膳所藩の知藩事（元藩主）・本多康穣も明治三年、風波で壊れた箇所を修理するのに莫大な費用がかかるとして、城の取り壊しを申請している。一方、会津藩などは新政府に逆らった見せしめとして、鶴ヶ城の大部分が撤去されてしまった。

明治四年、廃藩置県が断行され、藩が消滅した。その後、城地の多くは陸軍が接収し、熊本城や大坂城、仙台城、小倉城、高崎城などのように城地に鎮台や兵営がおかれるケースも少なくなかった。また、城域の一部に県庁や学校が設置されることも多かった。

明治六年に俗にいう廃城令が出された。その後、明治天皇の意向により天守などの保存が決まった彦根城のような例外もあったが、廃城令により多くの城の建物の解体・撤去が決まり、民間に払い下げられたり、壊されたりして姿を消してしまったのである。

それでも奇跡的に残っている建物も、地域の象徴ということで太平洋戦争では空襲のターゲットにされ、残存していた名古屋城、和歌山城、岡山城、広島城の天守は灰燼に帰した。

そういった意味では、現代に残っている当時の城の建物は、運良く生き残った奇跡的な遺構なのである。それを理解したうえで、現存天守や高石垣を眺めると、きっと違った感慨がこみ上げてくることだろう。

二〇二四年九月　河合　敦

主な参考文献　※本文中の記載以外

『日本の名城解剖図鑑』中川 武監修　米澤貴紀著／エクスナレッジ／２０１５年
『日本１００名城に行こう』公益財団法人　日本城郭協会監修／学研プラス／２０１２年
ほか、各自治体・各城の公式ホームページを参考にいたしました。

カバーイラスト　龍神貴之
カバーデザイン・本文図版制作　鈴木大輔　江﨑輝海（ソウルデザイン）
校正　円水社
ＤＴＰ　三協美術

河合 敦《かわい・あつし》

歴史作家。多摩大学客員教授・早稲田大学非常勤講師。1965年、東京都生まれ。青山学院大学文学部史学科卒業。早稲田大学大学院博士課程単位取得満期退学(教育学研究科社会科教育専攻・日本史)。歴史書、歴史小説の執筆、講演、時代考証、監修など、幅広く活躍中。著書に『徳川15代将軍 解体新書』『平安の文豪　ユニークな名作を遺した異色の作家たち』(小社)、『歴史の真相が見えてくる　旅する日本史』(青春出版社)など多数。

ポプラ新書
263
武将、城を建てる
戦国の名城を建てた一流の城名人
2024年9月9日　第1刷発行

著者
河合 敦
発行者
加藤裕樹
編集
櫻岡美佳
発行所
株式会社 ポプラ社
〒141-8210 東京都品川区西五反田 3-5-8 JR 目黒 MARC ビル 12 階
一般書ホームページ www.webasta.jp
ブックデザイン
鈴木成一デザイン室
印刷・製本
TOPPANクロレ株式会社

N.D.C.210 ／ 254P ／ 18cm　ISBN978-4-591-18259-8

P8201263

生きるとは共に未来を語ること　共に希望を語ること

昭和二十二年、ポプラ社は、戦後の荒廃した東京の焼け跡を目のあたりにし、次の世代の日本を創るべき子どもたちが、ポプラ（白楊）の樹のように、まっすぐにすくすくと成長することを願って、児童図書専門出版社として創業いたしました。

創業以来、すでに六十六年の歳月が経ち、何人たりとも予測できない不透明な世界が出現してしまいました。

この未曾有の混迷と閉塞感におおいつくされた日本の現状を鑑みるにつけ、私どもは出版人としていかなる国家像、いかなる日本人像、そしてグローバル化しボーダレス化した世界的状況の裡で、いかなる人類像を創造しなければならないかという、大命題に応えるべく、強靭な志をもち、共に未来を語り共に希望を語りあえる状況を創ることこそ、私どもに課せられた最大の使命だと考えます。

ポプラ社は創業の原点にもどり、人々がすこやかにすくすくと、生きる喜びを感じられる世界を実現させることに希いと祈りをこめて、ここにポプラ新書を創刊するものです。

未来への挑戦！

平成二十五年　九月吉日　　　株式会社ポプラ社